行政机关出庭应诉

必备核心技能

宋 静／著

法律出版社
LAW PRESS · CHINA
北京

图书在版编目(CIP)数据

行政机关出庭应诉必备核心技能 / 宋静著. -- 北京：法律出版社, 2024
ISBN 978-7-5197-8162-0

Ⅰ. ①行… Ⅱ. ①宋… Ⅲ. ①行政诉讼－司法制度－研究－中国 Ⅳ. ①D925.310.4

中国国家版本馆 CIP 数据核字(2023)第 140525 号

行政机关出庭应诉必备核心技能
XINGZHENG JIGUAN CHUTING YINGSU BIBEI HEXIN JINENG

宋 静 著

责任编辑 董 昱
装帧设计 鲍龙卉

出版发行 法律出版社
编辑统筹 法规出版分社
责任校对 张红蕊
责任印制 耿润瑜
经　　销 新华书店

开本 A5
印张 10　**字数** 220 千
版本 2024 年 1 月第 1 版
印次 2024 年 1 月第 1 次印刷
印刷 北京中科印刷有限公司

地址：北京市丰台区莲花池西里 7 号(100073)
网址：www.lawpress.com.cn
投稿邮箱：info@lawpress.com.cn
举报盗版邮箱：jbwq@lawpress.com.cn
销售电话：010-83938349
客服电话：010-83938350
咨询电话：010-63939796

书号：ISBN 978-7-5197-8162-0
定价：68.00 元
凡购买本社图书，如有印装错误，我社负责退换。电话：010-83938349

自序

法制建设是中国全面建设社会主义现代化国家的不可或缺的部分。党的二十大更是提出了法治国家、法治政府、法治社会一体建设的新思路。一体化法制建设的号召，对我国建设社会主义法治国家提出了更高的要求。依法行政是依法治国的必然要求，行政机关在新时期的法制建设阶段，更需要提高行政执法水平、行政复议水平和行政应诉水平，化解行政争议，巩固法治建设成果。而随着以宪法为核心的中国特色社会主义法律体系的逐步完善，新的法律法规不断出台，行政机关及其执法人员都需要及时熟悉、尽快掌握新法，在行政管理实践中做到依法管理，依法行政。

近几年，关系到依法行政的新法的不断出台，进一步丰富了中国特色社会主义法律体系。一是最新《行政诉讼法》于2017年7月1日起修改施行，对行政机关举证及应诉提出了诸多新的要求。行政机关应诉技巧和水平与行政机关执法紧密相连。合法合规的行政行为，亦可能因为应诉不力而导致败诉的结果。行政机关应当重视《行政诉讼法》的学习和培训。二是最新《行政处罚法》作为各行业行政执法机关最常适用的法律，自2021年7月新修改施行以来，对行政机关的执法程序作了很多革新。新《行政处罚法》设置的多个步骤和环节，要求行政机关必须立即增加法制审核的人手和岗位，而新入行的行政执法人员，需要系统深入的学习才能胜任法制审核的工作需求，才能确保在复议和诉讼中取得预期的效果。三是最新《行政复议法》将于2024年1月1日起施行。《行政复议法》既是行政机关执法的过程，同时具有准司法解决行政纠纷的作用，而且将充分发挥行政复议制度简便快捷、专业高效的特点，成为解决行政争议的主要渠道。本书同时融合了新《行政诉讼法》、新《行政处罚法》、新《行政复议法》对行政机关复议和应诉提出的新要求。阅读和理解这本书，对于提高全国政府执法人员的复议和应诉知识与技巧，具有很强的现实意义。

本书可以满足行政执法人员培训学习的需要。当前，各地行政机关法治工作任务非常重，政府各部门迫切需要执法教材，为行政机关开展培训。笔者团队曾多次受政法委、执法大队邀请讲授培训，交流行政复议和应诉的知识技巧。

本书可以满足行政机关公职律师培训学习的需要。行政机关因为执法被起诉，很多地方是由行政机关的公职律师出庭应诉的。因此，本书对于全国公职律师而言，可以满足各地司法局每年对公职律师的培训所需。

本书还可以帮助律师学习行政诉讼知识及出庭应诉技巧。行政诉讼属于专业性极强、压力很大的工作，非专业选手很难应对。各地律师协会在这个专业领域的律师不多。笔者在很多法律培训平台开展过行政诉讼和行政复议的讲授和交流，在线学习人数高达10余万人次。

本书还可以适应行政诉讼原告（行政相对人）学习行政诉讼出庭知识的需要。广大人民群众想要在行政诉讼中取得预期目标，必须知己知彼，百战不殆。

期望本书能带给广大读者知识和力量，让我们共同为中国特色社会主义法治体系建设贡献自己的一份力量，共勉。

是为序。

目录 Contents

第一编　行政应诉之行政诉讼法

第二编　行政应诉之行政复议法

第一编

行政应诉之行政诉讼法

第一章 庭前准备

一、开庭前的准备

行政诉讼的开庭是诉讼双方当事人通过证据质证辩证、言辞答辩对抗，查明被诉行政行为的事实依据和法律依据的一个过程。通过开庭，诉讼双方当事人对诉讼标的——行政行为的合法性充分发表各方意见，其意见将成为人民法院判断被诉行政行为是否合法的重要参考，因此，行政机关在开庭前，应当做好充分的准备。

1 行政机关如何获知开庭的时间和地点？

在开庭前，负责案件开庭记录的书记员会把开庭的时间和地点告知诉讼双方当事人。为了避免延误或者错过开庭，除了人民法院主动告知外，行政机关作为诉讼当事人，也应当积极利用各种途径和方式了解和知悉开庭的时间和地点。

（1）通过传票获知。根据最高人民法院《关于适用〈中华人民共和国行政诉讼法〉的解释》（以下简称《行政诉讼法司法解释》）第七十一条的规定，人民法院会在开庭3日前，采用发传票的方式，告知当事人开庭的时间和地点。人民法院将记载开庭时间和地点的传票送达行政机关，行政机关负责应诉的机构和委托代理人应当注意查收邮件。行政机关内部应当畅通邮件的签收分发流程，避免人民法院的传票在负责签收邮件的门卫室或保安室拒收，或者在收发室收发邮件时遗失或者散落。

（2）通过电子送达获知。有的人民法院采取无纸化办公的模式，要求当事人在立案阶段填写电子邮件地址，人民法院会通过发送电子邮件的方式，告知当事人开庭的时间和地点。行政机关负责应诉的机构和委托代理人在填写电子邮件地址时，一定要细心，注意电子邮件的名称拼写准确，同时应当注意定时查收邮件，防止错过开庭时间。

（3）通过手机短信获知。有的人民法院采用办公自动化系统，书记员通过发送手机短信的方式告知当事人开庭的时间和地点。行政机关负责应诉的机构和委托代理人应当注意准确填写在人民法院预留的手机号码，并且注意查收接收的短信，还要注意手机设置，防止把人民法院发送的送达短信错误归入垃圾短信文件夹，导致未能及时知悉开庭的时间和地点。

（4）通过接听电话获知。人民法院通知开庭的时间和地点，多数情况下会采取上述能够保留送达证据的方式进行告知，但有时案件适用简易程序审理，或者需要第二次开庭，或者只是法庭调查（非正式的开庭），人民法院保留告知开庭时间和地点的证据意义不大，部分人民法院的跟案书记员会采取直接打电话给委托代理人的方式，通知或者确定开庭的时间和地点。

（5）主动电话询问获知。根据《行政诉讼法司法解释》第六十九条的规定，人民法院认为案件不需要开庭审理的，可以径行裁定驳回起诉。因此，人民法院收到案件后，部分案件可能会采取书面审理的方式，不一定开庭审理。行政机关的经办人员在合理时间内如果未能及时收到人民法院告知开庭时间和地点的信息，为了稳妥起见，应当主动给人民法院的跟案书记员打电话询问是否开庭以及开庭的时间和地点，同时也是为了在人民法院已采取上述送达方式，但送达的材料被遗失或者错漏的情况下，仍有补救的机会。因为人民法院的跟案书记员负责开庭记录、案卷整理、卷宗归档等多项工作，有时并不一定在电话旁，行政机关负责案件的人员给书记员打电话，有时可能需要多次拨打电话才能接通。

2 为什么行政机关要牢记开庭的时间和地点？

法庭是原告和被告质证辩论、发表意见的主要场所，开庭审理是人民法院查明案件事实的主要环节，因此，开庭对于行政诉讼案件能够得到妥善解决，具有重要的作用。这也就要求行政机关必须牢记人民法院告知的开庭时间和地点，一旦错过开庭，甚至可能产生败诉的严重后果。

（1）错过开庭可能影响行政机关依法行使诉讼权利。当事人可以在法庭上依法行使提交证据、发表意见、质证辩论等诉讼权利，如果行政机关错过了开庭的时间，也就无法行使上述权利。更重要的是，参与审理案件的审判人员和书记员可能影响案件公正处理的，行政机关享有申请上述人员回避的权利。

《行政诉讼法司法解释》第七十四条第一款规定，当事人在案件开始审理后才知道回避事由的，应当在法庭辩论终结前提出回避申请。如果行政机关错过了开庭时间，导致本应当能够发现审判人员和书记员具有应当回避的事由，却未能及时发现，错过在法庭辩论终结前及时提出回避申请的时机，最终可能影响案件的公正审理。

（2）错过开庭可能导致行政机关提交的证据不被法院采纳。根据《行政诉讼法》第三十三条的规定，行政诉讼中的证据须经法庭审查属实，才能作为认定案件事实的根据。行政诉讼审查的主要对象是行政机关的行政行为，行政机关需要承担主要的举证责任，以证明被诉行政行为的合法性，如果行政机关错过了开庭时间，即便之前按期提交了证据材料，仍可能因未能参加开庭，证据未经质证而不被法院采纳。被诉行政行为视为没有证据，当然也就无法证明其合法性，败诉的结果也就不可避免。

（3）错过开庭可能导致案件被缺席判决。根据《行政诉讼法》第五十八条的规定，行政诉讼被告无正当理由拒不到庭的，可以缺席判决。也就是说，行政机关错过了开庭时间，人民法院可能在行政机关未到庭的情况下，对案件作出裁判。只有一方当事人到庭的情况下缺席判决，另一方当事人未能发表意见、质证辩论，其提交的证据当然也无从发挥作用。

（4）错过开庭可能导致行政机关的主要负责人或直接责任人遭到行政处分。行政机关参加庭审，属于行政机关依法履行行政职责的组成部分。本应当参加开庭却未参加，可能存在消极履责的情形，人民法院对此情形也会加强监督。根据《行政诉讼法》第六十六条第二款的规定，人民法院对于无正当理由拒不到庭的行政机关，可以将被告拒不到庭的情况予以公告，并可以向监察机关或者被告的上级机关提出给予其主要负责人或直接责任人处分的司法建议。监察机关或者上级机关收到人民法院的司法建议后，可能对被告行政机关的相关人员作出行政处分。

（5）错过开庭可能丧失案件协调和解的时机。行政诉讼案件如果能够采取和解的方式解决，案结事了，将会取得良好的法律效果和社会效果。案件通过开庭，双方的观点得到了充分的沟通，案件的相关背景得到了全面的展示，当事人的想法也被彼此相互了解，法官在场居中协调，法庭是行政争议可能和解的最佳场所。一旦行政机关错过了开庭的时间，开庭的过程缺乏双方当事人实质性的沟通，也就错过了案件协调和解的最佳时机，最终可能影响案件处理的社会效果。

3 人民法院确定的开庭时间和地点可以改变吗？

人民法院一旦确定某个案件开庭的时间和地点，一般不会随意改变。一方面，开庭时间和地点的改变涉及的事项比较繁杂，书记员需要通知各方当事人取消原定开庭安排，而且需要再次确定开庭时间和地点，并把新的时间和地点通知各方当事人。另一方面，随意变更开庭时间和地点，也会影响司法审判工作的严肃性。但人民法院确定的开庭时间和地点也并非一锤定音，如果出现法定的情形以及一些特定的安排，导致在原定开庭时间和地点无法继续开庭，则需要另行安排开庭时间和地点。被告行政机关如果因客观原因无法如期参加庭审，亦可在充分熟悉行政诉讼法相关规定的基础上，依法行使诉讼权利，通过延期开庭实现应诉答辩准备更加充分的目标。根据《行政诉讼法司法解释》第七十二条的规定，下列情形可以延期开庭审理。

（1）应当到庭的当事人和其他诉讼参与人有正当理由没有到庭的。例如，根据《行政诉讼法司法解释》第二十七条的规定，一方或双方当事人为两人以上，因同一行政行为提起诉讼，必须共同进行诉讼的其他当事人没有参加诉讼的，人民法院应当依法通知其参加。但如果必须参加共同诉讼的其他当事人暂时无法找到，人民法院又无法通知其他当事人时，人民法院尽可能延期开庭，另行确定新的开庭时间和地点。

（2）当事人临时提出回避申请且无法及时作出决定的。申请审判人员和书记员回避是诉讼当事人的权利。因此，在个案中当事人提出了要求审判人员回避的申请后，可能存在当事人提出的回避事由需要进一步查证的情形，此时人民法院就可能中止开庭，延期另行开庭。另外，根据《行政诉讼法》第五十五条的规定，审判人员的回避需要由院长决定。如果院长公务繁忙未能及时审批，庭审就无法进行下去，人民法院也会选择另行确定开庭时间和地点，延期开庭。

（3）需要通知新的证人到庭，调取新的证据，重新鉴定、勘验，或者需要补充调查的。行政诉讼的举证除了当事人提交证据外，还有人民法院依当事人申请调取证据，以及人民法院依职权主动调取证据的情形。如果在开庭过程中发现需要新的证人出庭，或者调取新证据，重新鉴定勘验等补充证据的情形，人民法院就需要等到需要补充的新证据准备妥当后，再行确定新的开庭时间和地点。

（4）其他应当延期的情形。该项属于列举必须延期开庭情形的兜底条款。例如，已确定开庭时间和地点，但突发疫情或者其他紧急状况，导致在原定开庭时间和地点无法继续开庭的，应延期开庭。

另外，根据《行政诉讼法司法解释》第一百零四条的规定，适用简易程序审理的行政诉讼案件，当事人双方还可以协商一致，立即开庭。

4 有哪些与开庭时间及地点相关的诉讼事项必须了解？

行政诉讼的开庭是案件处理过程中非常重要的环节，人民法院也在不断加强提高庭审效率，确保庭审质量的工作。基于行政机关是行政诉讼案件的一方当事人，且行政诉讼主要由被告举证，行政机关是否准时、完整参与庭审，是决定开庭是否成功的关键因素之一。因此，行政机关除了牢记开庭的时间和地点之外，其他一些和开庭相关的事项同样需要事先了解，做到心中有数，才能确保顺利参加庭审。

（1）了解从出发地到法院的交通情况。行政机关参加庭审的委托代理人、出庭负责人、旁听人员可能从不同的地方出发，前往人民法院参与庭审。无论是从单位出发，还是从其他地点出发，都要事先了解路途中的交通情况。如果自行开车前往，可能遇到交通堵塞的紧急状况，心中要想好预案，避免耽误开庭时间。

（2）了解到达法院后的车辆停放情况。不同法院的办公场所条件不同，有的法院会给当事人提供停车场停放车辆，有的法院则需要当事人自行解决车辆停放问题。行政机关参加开庭的委托代理人和出庭负责人驾驶车辆前往的，需要向跟案的书记员事先了解法院的停车指引情况。有时寻找停车场的时间甚至超过了在途的时间。因此，前往法院参加庭审，既可能因为路途中的交通堵塞耽误开庭时间，也可能因为耗费时间寻找停车场而耽误开庭时间，对这些困难需要预先估计，及时处理，确保准时参加开庭。

（3）了解法院的安检流程和所需时间。由于近年来扰乱人民法院办公秩序和侵害法官人身安全的恶性案件频发，各地人民法院都非常重视对进入法院和法庭的外来人员的安全检查工作。一方面，安全检查的工作越来越细，需要的时间可能较长；另一方面，人民法院不同业务庭室的不同案件开庭时间可能重叠在一起，导致需要同时进入法院的外来人员数量很多，排队等候安检也会耗费一定的时间，所以行政机关参加庭审的委托代理人需要事先向跟案的书记员了解法院安全检查的流程和大约需要的时间，并且尽可能提早到达法院。行政机关的委托代理人是律师的，可以向跟案书记员了解，法院是否设置专门的律师通道，节约安检的时间，避免耽误开庭。

（4）了解进入法院和法庭的具体要求。行政机关的委托代理人参加开庭，需要携带各类证据材料，有时甚至需要携带和案件相关的实物证据，这就需要委托代理人事先向跟案书记员了解进入法院和法庭时携带的物品是否有限制和要求。例如，某交通运输管理部门曾在一起案件的开庭前，因原告提出执法人员将拍摄的现场视频刻录在光盘上存在复制件剪辑拼接的情况，委托代理人就准备将执法现场检查时用于拍摄视频的摄像机带至法庭，拟当场播放执法视频，以证明拍摄的执法视频并无剪辑拼接。但根据《人民法院法庭规则》第十七条的规定，参加庭审的人员不得对庭审活动进行录音、录像、拍照等传播庭审活动。结果该委托代理人携带的摄像机被法院的保安人员在安全检查环节予以暂扣，导致未能当庭播放视频证据，严重影响了对证据质证的效果。

（5）了解法院允许进入法庭旁听的人员数量。行政机关为了加强法治教育，提高依法行政水平，当本单位为被告时，常常会组织部分执法人员在开庭时参加旁听。但因为每个法院的法庭设施不同，能够容纳旁听人员的数量也有所不同，而且法院还会预留一些旁听席位给原告一方。所以，如果行政机关的执法人员准备参加案件开庭的旁听，应当事先向跟案书记员了解用于开庭的法庭旁听席的座位数量，以及允许行政机关一方进入法庭旁听的人员数量，避免人员太多，无法进入法庭旁听，或者挤占了原告一方旁听人员的座位，造成庭审秩序的混乱。

（6）向书记员了解紧急联系人情况。行政机关的委托代理人了解开庭的相关事项，一般情况下和跟案的书记员保持联系即可，但法院的法律文书上只会告知跟案书记员的办公电话，如果在开庭前遭遇突发的情况，跟案的书记员已经进入法庭，其办公桌上的电话无人值守，委托代理人就会出现无法联系到跟案书记员的情况。这就需要委托代理人向跟案书记员询问，如果遭遇突发情况，如何联系法院的紧急联系人。例如，快到开庭时间时，跟案书记员会到法庭做开庭前的准备，但此时可能行政机关的委托代理人或者出庭负责人出现忘记携带身份证或者传票，在法院大门口无法进入法院的突发情况，拨打跟案书记员的办公电话无人应答，无法进入法院的委托代理人无计可施。如果此时留存有事先了解到的其他书记员或者法官助理的电话，就可以取得联系，避免突发情况带来的不利后果。

（7）向出庭的负责人及时通报及提醒开庭的时间和地点。目前全国各地法院和各级行政机关均建立了行政机关负责人出庭制度，行政机关的部分案件需要负责人出庭应诉。这就需要委托代理人事先把开庭的时间和地点通报给出庭的负责人，避免行政机关的负责人公务繁忙，忘记出庭应诉。在开庭日期临近时，需要再次提醒负责人出庭应诉的事宜，避免延误参与庭审，影响行政机关的执法形象。

（8）准备案件的和解调解方案。行政诉讼案件的协调和解工作越来越受到人民法院的重视，不少案件在庭审将近结束时，审判长会询问案件双方当事人就案件争议是否有调解或和解的意向。行政诉讼案件的和解调解，意味着双方或者其中一方必须作出一些让步或改变。多数情况下，行政机关出庭的委托代理人只是具体业务执法人员或者法治工作岗位的人员，在案件的和解和调解过程中，无法代表行政机关表达和解或者调解的意愿及协商和解调解方案，这就常常会导致案件和解或调解契机的丧失。如果出庭应诉的委托代理人能够事先在单位内部经过沟通，准备好和解调解方案，将会大大提高案件和解或调解的概率。

5 哪些人员可以确定为出庭人员？

行政机关作为机关法人，其应诉答辩意见需要通过委托代理人出庭代为表达。行政机关可以委托诉讼代理人出庭应诉，委托代理人在法庭上发表的意见即代表了行政机关的意愿。除了调解、认可对方诉讼请求等特殊事项需要专门授权以外，委托代理人的行为后果一律由被代理的行政机关承担。行政机关可以委托下列人员作为代理人参加诉讼。

（1）律师。律师是指通过了国家统一法律职业资格考试，专职或兼职在律师事务所从事代理诉讼或者非诉讼法律业务的专业人员。行政机关聘请律师代理诉讼案件出庭应诉，优点在于律师作为专门从事法律诉讼业务的专业人士，对于法律法规的适用以及人民法院司法审判的程序比较熟悉，但对于诉讼涉及行政机关管理事项中的部分专业问题，例如，行政机关在行政执法过程中涉及抽样取证、鉴定核验等环节的举证质证阶段，律师在应诉答辩时可能对上述流程的理解和认识不够精深，从而影响应诉答辩的效果。

（2）公职律师。《公职律师管理办法》第二条规定，公职律师是指任职于党政机关或者人民团体，依法取得司法行政机关颁发的公职律师证书，在本单位从事法律事务工作的公职人员。公职律师的优势在于专门代理本单位管理事项范围内的行政诉讼，对于人民法院审理本单位的诉讼案件的特点比较熟悉，举证质证、发表意见能够切中肯綮。但也有弊端，原因在于公职律师代理的案件数量不多，实战经验仍有待积累，有时可能对于原告提出的特殊角度的诉讼意见无法提出有效的反驳。

（3）行政机关内部工作人员。行政机关的内部工作人员经行政机关委托，可以代表该行政机关出庭应诉，而且行政机关的内部工作人员往往参与了行政执法阶段的工作，对于被诉行政行为也更为熟悉，代表单位出庭应诉具有一定的优势。

（4）专门法制机构的工作人员。各级人民政府都设置有专门的法制机构，原先专门的法制机构设置在政府内部，作为政府的内设部门，代表政府出庭应诉。后经管理体制改革，政府内部的专门法制机构划归各地司法行政主管部门。目前，各地各级人民政府作为被告的行政诉讼案件，一般由司法行政机关代表政府出庭应诉。基层政府作为被告的案件可能由县级司法行政主管部门管理的基层法律服务机构代为出庭应诉。

6 行政机关出庭人员的数量有何要求？

根据《行政诉讼法》第三十一条第一款“当事人、法定代理人，可以委托一至二人作为诉讼代理人”的规定，行政机关出庭人员的数量一般为1～2人。但在具体确定委托代理人实操时，仍应当注意以下几点。

第一，行政机关负责人出庭应诉时，不占用委托代理人的名额。也就是说，如果行政机关确定负责人出庭应诉，除了负责人之外，行政机关仍可以委托1～2名委托代理人。

第二，行政机关在委托代理人出庭应诉时，可以根据人民法院诉讼审级的不同，配备不同数量的委托代理人。一审诉讼阶段举证质证工作量较大，由两名委托代理人互相配合，可以取得较好的庭审效果。二审诉讼阶段相对比较简单，虽然行政诉讼贯彻全面审查的原则，但在一审期间已举证质证且双方无异议的证据材料无须重新质证，代理诉讼的工作量不大，委托一名代理人出庭应诉即可。

第三，当不同行政机关在同一诉讼中作为共同被告时，存在上下级关系的行政机关共同出庭应诉。两个行政机关均委托两名代理人是符合法律规定的，但部分行政机关为节约管理成本，上下级行政机关可以采取分别委托本单位一名工作人员出庭，然后共同委托一名律师代为出庭，这种比较经济的委托模式也是可以的。

7 行政机关出庭人员如何配备比较适当？

行政诉讼法中行政机关的出庭人员配备规则，主要参考民事诉讼法中的委托制度，受托代理人可以是律师、内部工作人员，并无其他特别的要求。但2014年修正的《行政诉讼法》建立了一个新型应诉制度，即行政机关作为被告出庭，要求行政机关负责人出庭应诉，并延续至今。为了进一步细化行政诉讼中被告的出庭机制，最高人民法院于2020年6月23日发布了《关于行政机关负责人出庭应诉若干问题的规定》，该规定就行政机关出庭代表人制度作出了更详尽和全面的司法解释。

到底哪些人可以确定为出庭人员呢？

（1）《行政诉讼法》第三条第三款明确规定：被诉行政机关

负责人应当出庭应诉。不能出庭的，应当委托行政机关相应的工作人员出庭。

（2）最高人民法院《关于行政机关负责人出庭应诉若干问题的规定》第二条规定，《行政诉讼法》第三条第三款规定的被诉行政机关负责人，包括行政机关的正职、副职负责人、参与分管被诉行政行为实施工作的副职级别的负责人以及其他参与分管的负责人。被诉行政机关委托的组织或者下级行政机关的负责人，不能作为被诉行政机关负责人出庭。

（3）《行政诉讼法司法解释》第一百三十条规定，行政诉讼法第三条第三款规定的“行政机关相应的工作人员”，包括该行政机关具有国家行政编制身份的工作人员以及其他依法履行公职的人员。被诉行政行为是地方人民政府作出的，地方人民政府法制工作机构的工作人员，以及被诉行政行为具体承办机关工作人员，可以视为被诉人民政府相应的工作人员。

由上述规定可知，行政诉讼中行政机关作为被告，确定出庭应诉人员时机关负责人是第一选择。负责人无法出庭的，要委托工作人员。同时，法律对“负责人”和“工作人员”的内涵也都作出了界定，并非仅正职可以作为负责人，副职、分管领导也可以作为负责人。工作人员应当是有编制的机关干部，不能是“临时工”“合同工”。如果是地方政府作出的决定，司法局、政府法制办公室的工作人员可以视为政府工作人员，接受委托出庭应诉。

除了机关负责人或者受委托的工作人员，政府法律顾问或律师能否代表行政机关出庭？根据《行政诉讼法》的规定，行政机关负责人出庭应诉的，可以另行委托 1 ~ 2 名诉讼代理人，因此有合法授权的诉讼代理人是可以作为出庭人员的。但国务院办公厅《关于加强和改进行政应诉工作的意见》（国办发〔2016〕54号）明确规定：被诉行政机关负责人要带头履行行政应诉职责，积极出庭应诉。不能出庭的，应当委托相应的工作人员出庭，不得仅委托律师出庭。因此，行政机关出庭应诉人员配备的合法配备规则应当是，行政机关的负责人应当出庭应诉，无法出庭应诉的，要委托相应的工作人员出庭，另行委托的诉讼代理人可以包含一名律师。

8 行政机关可以确定非本单位的人员出庭应诉吗？

行政机关确定出庭应诉人员，一般要求其为本单位的工作人员，主要因为本单位的工作人员对被诉行政行为比较熟悉，而且在具体的案件中，出庭应诉的通常为案件的经办人员或者专门出庭应诉的从事法制工作的工作人员，对于被诉行政行为的事实认定和法律适用均非常了解，才能在诉讼中提出有效的答辩意见。那么，行政机关可以确定非本单位的工作人员出庭应诉吗？

行政诉讼中对于被告是否可以委托非本单位的工作人员出庭应诉，并无明确规定，但对于原告委托公民作为代理人的，有明确的规定。原告委托公民为代理人的，除属于近亲属的情形外，要求受托的公民必须经当事人所在社区、单位以及有关社会团体推荐。《行政诉讼法司法解释》第三十三条第一款规定："根据行政诉讼法第三十一条第二款第三项规定，有关社会团体推荐公民担任诉讼代理人的，应当符合下列条件：（一）社会团体属于依法登记设立或者依法免予登记设立的非营利性法人组织；（二）被代理人属于该社会团体的成员，或者当事人一方住所地位于该社会团体的活动地域；（三）代理事务属于该社会团体章程载明的业务范围；（四）被推荐的公民是该社会团体的负责人或者与该社会团体有合法劳动人事关系的工作人员。”举轻以明重，行政机关委托非本单位的工作人员出庭应诉，一般情况下是不允许的。但也有个别例外情形，一是被告行政机关执法存在委托执法的情形，受托组织的工作人员可以接受委托机关的委托出庭应诉；二是上级行政机关委托下级行政机关执法的情形，下级行政机关的工作人员可以接受上级行政机关的委托出庭应诉；三是被诉行政行为是地方人民政府作出的，地方人民政府法制工作机构的工作人员，或者具体承办机关的工作人员，可以视为被诉人民政府相应的工作人员。例如，某市政府作为被告，该市司法局、政府法制办公室的工作人员均可接受委托出庭应诉。

9 行政机关授权委托出庭人员需要准备哪些材料？

《行政诉讼法》及2020年7月1日起施行的最高人民法院《关于行政机关负责人出庭应诉若干问题的规定》，对于行政机关负责人出庭及委托代理人应当提交的材料有明确的要求。

（1）行政机关负责人出庭应诉的，应当于开庭前向人民法院提交出庭应诉负责人的身份证明。身份证明应当载明该负责人的姓名、职务等基本信息，并加盖行政机关印章。法院会对出庭应诉负责人的身份证明进行审查，经审查认为不符合条件，可以补正的，应当告知行政机关予以补正；不能补正或者补正可能影响正常开庭的，视为行政机关负责人未出庭应诉。

除了行政机关负责人的身份证明，负责人另行委托1～2名诉讼代理人的，还应当向法院提交加盖行政机关印章的授权委托书，载明诉讼代理人的姓名、职务和代理权限。如果委托了律师做代理人，还应提交律师执业证，加盖律所公章的所函，载明姓名、权限的授权委托书。

（2）机关负责人无法出庭，委托工作人员出庭的，应在开庭前向人民法院提交出庭应诉工作人员的身份证明。身份证明应当载明该工作人员的姓名、职务等基本信息，并加盖行政机关印章。法院将会对出庭应诉工作人员的身份证明进行审查，经审查认为不符合条件，可以补正的，应当告知行政机关予以补正；不能补正或者补正可能影响正常开庭的，视为行政机关工作人员未出庭应诉。除了工作人员的身份证明，工作人员还应出具加盖行政机关印章的授权委托书，载明姓名、职务和代理权限。

（3）行政机关委托基层法律工作者的，由于地域差异，各地基层法律工作者可代理的区域范围不同，必须委托本辖区内的法律工作者。在提交答辩状或者上诉状时一并提交授权委托书、法律服务工作者执业证、基层法律服务所出具的介绍信以及当事人一方位于本辖区内的证明材料。

10 授权委托材料如何提交给人民法院？

被告委托代理人出庭应诉的，应当向人民法院提交授权委托材料。如果未能成功提交授权委托材料，到开庭时才发现，就会非常被动。有时开庭时合议庭会允许庭后补充，但不能排除一方当事人对出庭应诉的代理人的身份提出异议，可能导致无法开庭，或者委托代理人无法正常履行代理事务的情形。授权委托材料究竟应当如何提交给法院才能确保稳妥呢？

在一审阶段，被告行政机关向人民法院提交授权委托材料，一般应当在提交答辩状和证据材料时一并提交，当然也可以根据授权委托材料办理的情况，单独向人民法院提交。具体提交的方式既可以直接送至人民法院，也可以通过邮寄的方式递交给人民法院，邮寄的收件人既可以写案件的合议庭成员的名字，也可以写书记员的名字，但务必在信封的封面上写明案号，便于邮寄至法院后分拣邮件，且邮寄后还需要通过电话的方式确认人民法院是否收到。但仍建议被告的委托代理人在开庭当天，随身携带一份授权委托材料，以便此前送交和邮寄的材料未能及时送达到办理案件的合议庭成员手上，而又需要当庭确认的，委托代理人可以及时再次提交，避免合议庭及对方当事人对委托代理人的身份提出异议。

在二审阶段，被告行政机关向人民法院提交授权委托材料，一般应当在向人民法院提交上诉答辩状时一并提交，或者通过邮寄的方式送至人民法院。当然，同样建议被告的委托代理人在开庭当天，随身携带一份授权委托材料，便于需要的时候当庭提交，这样可以节约时间，提高开庭的效率。

如果部分地区支持通过电子邮箱的方式向人民法院提交授权委托材料，则可以采取发送电子邮件的方式提交至人民法院，但仍需要发送后通过电话的方式加以确认。

二、提交答辩状及证据材料

11 向人民法院提交的答辩状需要准备多少份?

根据《行政诉讼法》第六十七条“人民法院应当在立案之日起五日内，将起诉状副本发送被告。被告应当在收到起诉状副本之日起十五日内向人民法院提交作出行政行为的证据和所依据的规范性文件，并提出答辩状。人民法院应当在收到答辩状之日起五日内，将答辩状副本发送原告。被告不提出答辩状的，不影响人民法院审理”的规定，被告行政机关应当在收到起诉状副本之日起15日内提交答辩状，但《行政诉讼法》并没有规定具体提交多少份答辩状，那么被告提交多少份答辩状才合适呢?

首先，被告行政机关应当厘清提交答辩状的目的和作用。原告提交起诉状，被告提交答辩状，这是原告和被告开展的第一轮书面交锋。起诉状和答辩状都是书面的，其中包括对各自诉讼主张和理由的充分阐述，对于解决行政争议具有重要的作用。答辩状既可以起到在一定程度上反驳覆盖原告诉求的作用，也可以起到说服人民法院合议庭法官的作用。所以，被告提交答辩状不仅为了反驳原告诉求，而且要把自己的诉讼主张展示给人民法院，具有双重的作用。

其次，了解了提交答辩状的作用，考虑提交答辩状的份数需要考虑原告和第三人的人数，以及合议庭的人数。被告行政机关提交答辩状，需要按照原告和第三人的人数、合议庭人数，以及书记员的数量，确定需要提交的份数。确保原告、第三人、合议庭以及书记员人手一份，虽然答辩状正本提交法院后，法院可以自行复印分发，但有可能在复印过程中缺页少页，造成审理案件的合议庭成员或书记员无法看到己方的全部答辩理由，不利于充分发挥答辩状的作用。

最后，被告行政机关除了在开庭前事先提交答辩状以外，在开庭当天还需要准备相应的答辩状份数，避免事先提交的答辩状因为投递原因，或者书记员疏忽，导致事先提交的答辩状未能分发至合议庭成员手上，或者未能及时转交给原告和第三人。如果被告出庭应诉的人员准备充分，可以把事先备好的答辩状当庭分发给原告、第三人和合议庭成员，起到提高庭审效率，增强庭审效果的作用。

12 答辩状应当包含哪些必备内容?

一份答辩状在形式上需要有以下构成部分：标题、首部、正文、尾部。标题一般为“行政诉讼答辩状”，首部要列明答辩人和被答辩人（原告）的名称、住址、法定代表人、职务。正文部分提出答辩人的观点、事实和理由，尾部列明答辩人名称、日期，并加盖公章。

内容上，答辩状要亮明答辩人的观点，然后通过论证方式证明行政行为的合法和合理性，可以从以下几点出发。

（1）针锋相对。答辩状是针对原告的起诉状作出的回复，因此应就原告的“事实和理由”提出自己的反驳意见。如果缺乏针对性，不但起不到第一轮书面答辩反驳对方的作用，而且会给人民法院合议庭法官留下不好的印象。在原告起诉状的内容有条理性的情况下，被告答辩可以逐条进行反驳，如果原告起诉内容较为混乱，被告的答辩可以紧紧围绕被诉行政行为的合法性展开论述，并且对原告起诉状内容中的观点整理清晰，再有针对性地提出反驳意见。在厘清自身思路的前提下，突出争议焦点，让法官了解己方的观点和诉求。

（2）有理有据。答辩状的任何观点都必须建立在有依据的前提下，无论是事实证据还是法律依据，都要做到逐条支撑。要反驳原告的事实主张，就应提出有效的反驳意见，并加以证据辅佐。在完成证据整理的基础上提出答辩，列明所引用的法律条款，叙述有证据的事实，才能真正起到作用，避免内容泛泛，空发议论。

（3）简洁明了。答辩状的作用是阐述是否同意原告即行政相对人的诉求，或者同意哪几项诉求，不同意哪几项诉求，无须花费大量篇幅论证争议点的类型、原因、学理，要观点明确、条理清晰。可以引用指导案例、典型案例、公报案例等有权威性的案例作为法理依据，又要避免没有重点、前后重复的论述。

（4）理性表达。由于行政诉讼中原告是普通民众，起诉状的内容可能情绪表达激烈，甚至仅描述当事人的主观感受，而行政机关作为被告，一方面需要践行诉讼义务，另一方面要代表国家机关形象，所以在书写答辩状时要做到理性稳重，避免情绪性表达，特别是不能批判谩骂，这样既无法律依据支持，也破坏行政机关严肃形象。

需要特别提醒的是，虽然书写答辩状要尊重客观事实，但一定要注意不能陈述对己方不利的事实和理由，避免被人民法院认定为对不利事实的自认。

13 行政机关应当何时将答辩状提交给人民法院？

《行政诉讼法》第六十七条规定："人民法院应当在立案之日起五日内，将起诉状副本发送被告。被告应当在收到起诉状副本之日起十五日内向人民法院提交作出行政行为的证据和所依据的规范性文件，并提出答辩状。人民法院应当在收到答辩状之日起五日内，将答辩状副本发送原告。被告不提出答辩状的，不影响人民法院审理。"该条款明确规定了被告行政机关向人民法院提交答辩状的时间限制。1989 年公布的《行政诉讼法》要求被告行政机关提交答辩状的时间是收到起诉状副本之日起 10 日内提交，2017 年修正的《行政诉讼法》要求被告提交答辩状的时间是收到起诉状副本之日起 15 日内提交。其实新旧法规定的期限的差异，对于被告行政机关而言影响不大。因为被告行政机关书写答辩状，阐述的是被诉行政行为的合法性，行政机关作为作出被诉行政行为的行政主体，对于被诉行政行为的事实依据、适用法律以及行政程序是非常熟悉的，撰写答辩状是比较容易完成的。

部分行政机关认为，根据《行政诉讼法》第六十七条第二款“被告不提出答辩状的，不影响人民法院审理”的规定，第六十七条第一款要求被告收到原告起诉状副本之日起 15 日内提交的材料，仅限于作出被诉行政行为的证据材料和法律依据，而答辩状迟延提交并不违法，而且迟些提交可以避免过早暴露己方的观点和理由，这一理解是错误的。第六十七条第二款的立法目的，在于告知人民法院，不能因为被告迟迟未提交答辩状，影响诉讼的进程，而不是告知被告行政机关可以迟延提交答辩状。被告行政机关迟延提交答辩状，在具体的案件中，可能承担败诉的后果。例如，在最高人民检察院 2022 年 11 月 1 日发布的“行政检察与民同行系列典型案例（第九批）行政检察助力长江、黄河流域生态保护和高质量发展典型案例”中，其中“某体育文化旅游公司违法占用国家级自然保护区土地行政处罚检察监督案”中，市自然资源和规划局对某公司非法占地行为作出了处罚，该公司对行政处罚决定不服，于 2019 年 1 月 31 日向市人民法院提起行政诉讼。市人民法院当日立案后于同年 3 月 14 日向市自然资源和规划局送达起诉状副本、举证通知书等相关应诉材料。市自然资源和规划局收到应诉材料后，直至次月 16 日才向市人民法院提交答辩状及证据，违反了《行政诉讼法》第六十七条关于“被告应当在收到起诉状副本之日起十五日内向人民法院提交作出行政行为的证据和所依据的规范性文件，并提出答辩状”的规定，且市自然资源和规划局逾期答辩及提交证据未提出合理理由，也未事先提交延期申请，视为行政处罚没有证据支持，遂于 2019 年 4 月 23 日作出撤销案涉行政处罚决定的行政判决。

14 行政诉讼中的证据材料是如何形成的？

行政诉讼中的证据是指符合法律规定的要求，能证明案件事实情况的资料。《行政诉讼法》第三十三条第一款规定："证据包括：（一）书证；（二）物证；（三）视听资料；（四）电子数据；（五）证人证言；（六）当事人的陈述；（七）鉴定意见；（八）勘验笔录、现场笔录。"行政诉讼的证据种类，可以给行政机关在执法过程中如何收集证据提供一定的指引。行政机关只有充分了解行政诉讼中的证据是如何形成的，才能在行政诉讼中向人民法院提供有效的证据材料，以证明被诉行政行为的合法性。行政诉讼中的证据材料主要来源于 3 个方面。

第一，行政诉讼中的证据主要来源于行政机关在执法过程中收集调查或制作的证据材料。行政机关在执法过程中，可能会收集到书证，如行政机关制作的立案登记表、行政处罚事先告知书、当事人向行政机关申请行政许可的申请书等。行政机关还可能收集到物证，例如，查扣的当事人违禁物品等。行政机关的执法行为是主动作出的管理行为，行政机关向人民法院提交的收集和制作证据材料也多数是主动收集调查所得。因此，行政机关在执法过程中，必须始终具备证据意识，主动地收集证据。

第二，行政诉讼中的证据还来源于原告一方的主动提交。

行政诉讼中原告为了证明自己的主张，或者反驳行政机关的主张，会主动向人民法院提交证据材料，例如，原告提交的证人证言等。原告提交的材料主要用来反驳被诉行政行为的合法性，作为被告的行政机关一方面要未雨绸缪，事先准备好己方已收集调查的证据材料；另一方面要积极利用可以向人民法院申请补充证据的机会，全方位证明被诉行政行为属于合法有效的行为。

第三，行政诉讼的证据还可能来源于人民法院的调取。行政诉讼中的证据主要由双方当事人提交，个别情况下，存在当事人无法提交某类证据，人民法院出于查明案件事实的需要，可能采取调取证据的方式取得相应的证据材料。当然，人民法院调取的证据必须经当事人质证后才可以采纳。行政机关应当充分利用质证辩证的机会，充分展示被诉行政行为的合法性。

15 行政机关在作出行政行为后收集的证据可以在诉讼中使用吗?

最高人民法院《关于行政诉讼证据若干问题的规定》第六十条第一项规定，被告及其诉讼代理人在作出具体行政行为后或者在诉讼程序中自行收集的证据，不能作为认定被诉具体行政行为合法的依据。由此可见，进入诉讼阶段以后，被告行政机关在行政行为作出后收集的证据，不能用来证明被诉行政行为合法，但并没有完全否定不能在诉讼中使用。行政机关在诉讼中收集证据是否可以在诉讼中使用的问题，需要深入到行政诉讼的审查机制和裁判机制中进行剖析，才能作出判断。

首先，最高人民法院《关于行政诉讼证据若干问题的规定》第二条规定：“原告或者第三人提出其在行政程序中没有提出的反驳理由或者证据的，经人民法院准许，被告可以在第一审程序中补充相应的证据。”在具体个案中，存在经法庭允许，被告需要补充证据的情形。被告需要补充的证据，一般情况下需要在作出行政行为之后再行收集。因为允许被告补充证据的前提是原告或者第三人在诉讼中提出了行政程序中未提出的理由，所以很大程度上导致被告行政机关在行政程序中未能搜集证据加以应对，在诉讼中如果要补充证据加以反驳，有时需要再次收集相应的证据。

其次，根据《行政诉讼法》第七十四条第一款“行政行为有下列情形之一的，人民法院判决确认违法，但不撤销行政行为：（一）行政行为依法应当撤销，但撤销会给国家利益、社会公共利益造成重大损害的……”的规定，如果被诉行政行为存在违法情形，可能予以撤销，但需要考虑国家利益和社会公共利益。如果被诉行政行为是否涉及国家利益和公共利益尚缺乏充足的证据，被告行政机关可以在诉讼中及时收集证据提交给人民法院。判决确认被诉行政行为的违法性，但保留其法律效力，既可以避免公共利益受损，也可以节约行政资源，提高行政管理的效率。

最后，《行政诉讼法司法解释》第一百三十五条第一款、第二款规定：“复议机关决定维持原行政行为的，人民法院应当在审查原行政行为合法性的同时，一并审查复议决定的合法性。作出原行政行为的行政机关和复议机关对原行政行为合法性共同承担举证责任，可以由其中一个机关实施举证行为。复议机关对复议决定的合法性承担举证责任。”上述规定要求经复议的案件，复议机关和原行为机关应当共同对原行政行为的合法性承担举证责任。下级行政机关作出原行政行为，复议申请人提起复议申请后，在复议期间，复议机关如果作出维持原行政行为的复议决定，因复议机关在诉讼中需要对原行政行为的合法性承担举证责任，复议机关即可能在复议期间收集证据以证明原行政行为的合法性，复议机关收集证据，即属于被诉行政行为结束后才收集的证据，对于该情形下的复议机关收集的证据，人民法院是否应予采纳，现行法律并未明确予以否定。

16 证据材料的顺序如何编排？

行政机关应诉，就是要在法庭上证明具体行政行为的合法性，判断是否具有合法性依靠的是证据，法官审理案件一样，要以事实为依据，固定事实、认定事实同样依靠证据。证据材料的编排也是展现事实的过程，如果随意编排、没有逻辑，让法官一头雾水，既降低诉讼效率，又可能自相矛盾遭到对方的反驳攻击。

（1）证据材料要与答辩状、上诉状等一一对应。在一审阶段，行政机关作为被告，是在收到起诉状后进行举证答辩的，由于原告诉讼能力不一，可能难以归纳争议点，加上一审需全面查清案件事实，同时审查行政行为的合法及合理性，因此证据编排要尽可能围绕整个案件。简单的证据可直接写明证明对象，如果证据复杂，可先对证据进一步详细描述，再说明证明对象，还应该说明证明对象和证据各部分内容的逻辑联系，在关键内容上可高亮标注，方便法官一眼扫到，快速查阅。

（2）证据材料需根据策略层层推进。整理证据的过程实质上是厘清思路，寻找一个角度，讲述对己方有利故事的过程。需要将我方的观点按照逻辑层次，使用“首先、其次、然后、即使、因此”等词。确定提交证据的范围后，需要根据证明事项进行分组，可以证明同一事项的证据分为一组，如当事人身份、行政机关权责依据等，做到层次分明。

（3）证据清单需标准清晰。由于证据资料繁杂无序，如果没有一份清单目录，法官难以高效查找。一般法官会先阅读证据清单，了解大概的事实情况，再核对具体某项证据。证据清单还有归纳争议焦点、传输诉讼策略的作用，因此清单的编排必须做到标准清晰、科学简洁。具体来讲，证据清单包括标题、案号、证据编号、证据名称、证明对象、证据页码、提交人及提交时间。一般做成表格，做到一目了然、易于阅读、重点突出。

17 行政机关如何提交实物证据？

《行政诉讼法》第三十三条规定：证据包括书证、物证、视听资料、电子数据、证人证言、当事人的陈述、鉴定意见、勘验笔录、现场笔录。证人证言、当事人陈述、鉴定意见属于言词证据，其他几种属于实物证据，用以表现一定实物。提交证据并不是简单地将一个物品转移到法院的过程，需要注意以下几点。

（1）备份。因为除了需提交给法官，还应当准备给对方当事人副本，这样在庭上可以快速进行证据交换。

（2）提交原件或原物。原件和原物说服力和真实性更高，但是提交原件有困难的，如体积大、不便搬运等，应当向法院说明情况，再提供经法院核对无异的复制品。如果庭前向法院提交的实物证据并非原件，则开庭时应携带原件，在法庭上向法官和对方展示，提交确有困难的，还可以提供证明该物证的照片、录像等。如果原物是数量较多的种类物，如一仓粮食，则提供一部分即可。

（3）书证提交需注意原本、正本、副本都属于原件，由有关部门保管的书证原件的复制件、影印件或者抄录件，应当注明出处，经该部门核对无异后加盖其印章；提供报表、图纸、会计账册、专业技术资料、科技文献等书证的，应当附有说明材料。

18 行政机关如何提交视听资料类证据？

视听资料，又称“音像资料”，是指借助电磁、光电的媒介，通过电子计算机设备等技术手段记载和再现的声音、图像、数据等信息资料。视听资料一般分为视觉资料、听觉资料、声像资料 3 种类型。其中，视觉资料包括无声录像带、无声影片等；听觉资料也称录音资料，包括唱片、录音带等；声像资料包括电影片、电视片、录像片、声像光盘等。

视听资料作为实物证据，又属于直接证据。视听资料与其他实物证据相比，具有体积小、信息量大的特点，而且视听资料可以准确还原事实，并可重复播放，在诉讼活动中具有较强的证明效力。当然，视听资料作为证据使用，也存在一些缺点。例如，可能被编辑和篡改。

根据最高人民法院《关于行政诉讼证据若干问题的规定》第十二条“根据行政诉讼法第三十一条第一款第（三）项的规定，当事人向人民法院提供计算机数据或者录音、录像等视听资料的，应当符合下列要求：（一）提供有关资料的原始载体。提供原始载体确有困难的，可以提供复制件；（二）注明制作方法、制作时间、制作人和证明对象等；（三）声音资料应当附有该声音内容的文字记录”的规定，行政机关在向法庭提交视听资料类证据时，应当注意以下几点。

（1）向法庭提交视听资料证据时，应尽可能保留视听资料的原始载体。虽然根据行政诉讼证据规则的要求，提交视听资料证据应当尽可能提交原件，但因为视听资料的原件数量往往只有一份，一旦遗失或者被修改，很难再次取得，所以视听资料的原件必须谨慎保存。如果可以，可通过和原件核对无误的方式向法庭提交复制件，尽可能自己保存原件。行政机关在保存视听资料时，切记不能复制后随意处置原件，避免法庭或者对方当事人提出要求原件和复制件进行比对时陷入僵局。

（2）提交视听资料证据，应当把制作方法、制作时间、制作人和证明对象一并提交给法庭。行政机关向法庭提交视听资料证据，证据内容记载在载体里，只有播放或者显示才能了解证据的内容情况。视听资料证据是如何取得的，以及取得手段和取得方式是否合法，都是视听资料证据是否可以采纳必须查明的事实。因此，提交视听资料作为证据，要求把视听资料的形成过程一并呈现给法庭。

（3）提交视听资料证据，必须附上视听资料内容的文字记录。法庭及当事人了解视听资料的内容，必须通过必要的设备来播放或者显示，但有时受到特定场所的条件所限，并不一定可以随时播放。另外，视听资料中的用语或者内容可能并不规范，这就需要提供视听资料一方，事先把提供的视听资料的内容转换为文字版，帮助法庭和对方当事人了解和熟悉视听资料的证据内容。

（4）提交视听资料作为证据，务必确保视听资料内容的完整和连贯，能够完整反映事实过程，内容未被篡改、拼接、剪辑或者伪造，具有客观真实性和连贯性。行政机关不能因为录音录像后体积大就予以裁剪编辑，或者掐头去尾只留下对自己有利的部分。

19 行政机关如何提交证人证言？

证人证言，简称“证言”，是指当事人向人民法院提交的证人就自己所知道的与案件有关的情况向司法机关所作的陈述的一种证据形式。除了特定情况外，包括行政机关在内，诉讼双方当事人需要证人作证的，证人都应当出庭作证。根据最高人民法院《关于行政诉讼证据若干问题的规定》第四十一条的规定，允许证人不出庭作证，当事人可以提交证人证言的情形包括：（1）当事人在行政程序或者庭前证据交换中对证人证言无异议的；（2）证人因年迈体弱或者行动不便无法出庭的；（3）证人因路途遥远、交通不便无法出庭的；（4）证人因自然灾害等不可抗力或者其他意外事件无法出庭的；（5）证人因其他特殊原因确实无法出庭的。

行政机关提交证人证言，应当注意以下几点。

（1）行政机关提交证人证言作为证据，应当向人民法院一并提交证人无法出庭作证的材料，否则，一方面，对方当事人可能提出抗辩；另一方面，人民法院可能不采纳未出庭的证人出具的证言。

（2）最高人民法院《关于行政诉讼证据若干问题的规定》第十三条规定，“根据行政诉讼法第三十一条第一款第（四）项的规定，当事人向人民法院提供证人证言的，应当符合下列要求：（一）写明证人的姓名、年龄、性别、职业、住址等基本情况；（二）有证人的签名，不能签名的，应当以盖章等方式证明；（三）注明出具日期；（四）附有居民身份证复印件等证明证人身份的文件”。行政机关向人民法院提交证人证言，应当注意同时附加证人的身份情况，以及证人的亲笔签名或无法签名时加盖印章。

（3）行政机关向人民法院提交的证人证言，必须是在行政程序中形成的。根据最高人民法院《关于行政诉讼证据若干问题的规定》第三条“根据行政诉讼法第三十三条的规定，在诉讼过程中，被告及其诉讼代理人不得自行向原告和证人收集证据”的规定，被告行政机关不得在诉讼中自行向原告和证人收集证据，所以行政机关向人民法院提交的证人证言的出具日期是在诉讼中形成的，人民法院可能不予采纳。当然，如果行政机关在诉讼中经人民法院准许补充证据，则提交诉讼中形成的证人证言仍是合法的证据。

20 行政机关如何申请证人出庭？

在行政诉讼中，需要申请证人出庭的当事人，多数情况下是原告一方。但在特定的个案中，也会出现行政机关需要申请证人出庭的情形。例如，在留置送达过程中，行政机关需要邀请受送达人所在地区的基层组织或者单位的代表到场，并在送达回证上签名见证。如果原告对于行政机关留置送达的基层组织或者单位代表的身份提出异议，请求法庭查证，行政机关可能需要申请当时在送达回证上签名见证的居委会、村委会或者受送达人所在的工作单位的工作人员作为证人出庭作证。

根据最高人民法院《关于行政诉讼证据若干问题的规定》第四十三条“当事人申请证人出庭作证的，应当在举证期限届满前提出，并经人民法院许可。人民法院准许证人出庭作证的，应当在开庭审理前通知证人出庭作证。当事人在庭审过程中要求证人出庭作证的，法庭可以根据审理案件的具体情况，决定是否准许以及是否延期审理”的规定，行政机关在诉讼中如果需要申请证人出庭，必须在举证期限内提出申请，经人民法院审查证人是否有出庭作证的必要，证人是否符合出庭的要求，进而作出是否予以许可的决定并通知行政机关。因为个案中，有时原告在诉讼过程中提出新的反驳理由，行政机关需要补充证据加以反驳，此时就可能出现行政机关在诉讼过程中才发现需要证人出庭的情形，那么行政机关也可以在诉讼中向人民法院提出证人出庭的申请，是否准许仍由人民法院确定。

需要补充说明的是，行政机关申请证人出庭和原告要求行政机关的内部执法人员出庭作证并不是一回事。前者属于行政机关依法提交证据，属于主动行使举证权利。后者属于行政机关应原告的请求，由行政程序中的执法人员出庭，对相关执法行为做必要说明，属于被动履行举证义务。行政机关的内部执法人员出庭作证，不属于行政机关履行举证义务的范畴。

21 行政机关提交鉴定结论证据，有何法定要求？

鉴定结论是指各行业的专家对案件中的专门性问题所出具的专门性意见。在诉讼中，提交鉴定结论的既可能是案件的当事人一方，也可能是当事人委托人民法院对专门事项进行鉴定。当事人提交鉴定结论属于依法行使举证权利，目的是澄清案件中一些专业问题，对人民法院解决专门问题提供帮助。行政机关在行政程序中，经常需要对专门事项采取鉴定的方式，以确保所作出的行政行为事实清楚，证据确凿。

根据最高人民法院《关于行政诉讼证据若干问题的规定》第十四条的规定，行政机关在向人民法院提交在行政程序中采用的鉴定结论时，应当载明委托人和委托鉴定的事项、向鉴定部门提交的相关材料、鉴定的依据和使用的科学技术手段、鉴定部门和鉴定人鉴定资格的说明，并应有鉴定人的签名和鉴定部门的盖章。通过分析获得的鉴定结论，应当说明分析过程。缺失上述任何事项，均有可能导致人民法院不予采纳所提交的鉴定结论。

因行政机关在诉讼中向人民法院提交的鉴定结论，只是行政机关在行政程序中作出的鉴定，在诉讼中原告或者第三人可能提出正当理由加以反驳，认为行政机关提交的鉴定结论不应当予以采信，而可能委托人民法院在诉讼中重新鉴定。当然，对于人民法院在诉讼中委托鉴定的结论，行政机关仍有权对鉴定结论提出异议。例如，认为存在鉴定部门或者鉴定人员不具有鉴定资格、鉴定程序严重违法、鉴定结论明显依据不足等情形的，可以要求重新鉴定或者补充鉴定。

人民法院对鉴定部门出具的鉴定结论，会从多个方面进行审查。人民法院审查鉴定结论的角度，可以给行政机关在诉讼中尽可能提供符合合法证据形式的鉴定结论作为参考。人民法院审查鉴定结论一般会重点审查以下方面：（1）鉴定人是否存在应当回避而未回避的情形；（2）鉴定机构和鉴定人是否具有合法的资质；（3）鉴定程序是否符合法律及有关规定；（4）检材的来源、取得、保管、送检是否符合法律及有关规定，与相关提取笔录、扣押物品清单等记载的内容是否相符，检材是否充足、可靠；（5）鉴定的程序、方法、分析过程是否符合本专业的检验鉴定规程和技术方法要求；（6）鉴定意见的形式要件是否完备，是否注明提起鉴定的事由、鉴定委托人、鉴定机构、鉴定要求、鉴定过程、检验方法、鉴定文书的日期等相关内容，是否由鉴定机构加盖鉴定专用章并由鉴定人签名盖章；（7）鉴定意见是否明确；（8）鉴定意见与案件待证事实有无关联；（9）鉴定意见与其他证据之间是否有矛盾，鉴定意见与检验笔录及相关照片是否有矛盾；（10）鉴定意见是否依法及时告知相关人员，当事人对鉴定意见是否有异议。

22 行政机关如何贯彻行政案卷排他性原则？

行政案卷排他性原则是指为了保护当事人对行政行为的知情权和防卫权，行政许可机关在作出影响申请人或利害关系人权利义务的决定时所依据的证据材料，原则上必须是该决定作出前，行政机关在案卷中已经记载的，并经过当事人口头或书面质辩的证据材料。行政机关在行政程序之外形成的证据、未归入行政案卷中的材料，不能作为证明行政主体的行为合法或者定案的证据。通俗地讲，行政案卷排他性原则就是要求行政机关在作出行政行为时，确保“先取证，后裁决”，不能事后补充证据。行政机关在执法时首先必须贯彻行政案卷排他性原则，在相关的立法也有体现和要求。《行政处罚法》第四十七条规定：“行政机关应当依法以文字、音像等形式，对行政处罚的启动、调查取证、审核、决定、送达、执行等进行全过程记录，归档保存。”

目前，现行行政法律体系尚没有统一的行政程序法，但行政卷宗排他性原则的理论探讨仍会对行政机关执法提出若干要求。

第一，行政机关在执法中对于需要行政相对人配合签署的材料，必须在执法过程中依法取得。例如，《行政强制法》第十八条有关行政机关实施行政强制措施应当遵守的程序规定中，要求现场笔录必须由当事人和行政执法人员签名或者盖章，当事人拒绝的，应当在笔录中予以注明。行政机关在强制执行时制作的现场笔录，必须在执法现场当场取得，在事后再行补充的，属于无效的证据材料，而且由于需要当事人的配合，也很难事后再行补充。

第二，对于行政执法过程中，部分内部程序环节涉及的证据材料，考虑到个案执法的特殊性，存在事后补办的可能。例如，行政机关在日常执法检查或抽查过程中，发现当事人存在违法行为，可能需要当场作出行政命令或者采取即时强制措施的，事后需要补办立案手续。当然，立案手续虽然可以补办，但必须在行政执法程序中完成补办。如果进入诉讼或复议程序中，则不能再补办，缺失立案环节的执法行为，可能在复议或诉讼中被确认属于违法行为。

第三，行政卷宗排他性原则不仅要求行政机关在执法过程中，依法、全面收集各类证据材料，而且整理入卷的证据材料必须注意保存，不能遗失或损毁。强调行政卷宗排他性原则，不仅要求行政机关在执法时必须先取证后裁决，更为重要的是，行政卷宗需要在行政复议或诉讼中作为证明行政行为合法的证据向审查机关提交，如果卷宗保管不善造成遗失或损毁，行政机关可能面临败诉的危险。

23 行政机关贯彻行政案卷排他性原则有例外吗？

行政机关在执法中需要贯彻行政案卷排他性原则，该原则要求行政机关在执法时必须“先取证，后裁决”。但行政机关在具体的个案执法中，面对的客观案件事实可能存在无限的可能性，行政案卷排他性原则作为一个原则，必然存在一些例外情况。

一是行政相对人在复议或者诉讼过程中，提出了新的理由或证据，法律允许行政机关补充证据。《行政诉讼法》第三十六条第二款规定：“原告或者第三人提出了其在行政处理程序中没有提出的理由或者证据的，经人民法院准许，被告可以补充证据。”行政机关作出行政行为，是在执法过程中收集到的证据的基础上得出结论的。在执法过程中收集到的证据依法已经订入执法的卷宗中，但行政行为的相对人或者利害关系人在诉讼中才提出在行政程序中未曾提出过的理由或者证据，此时当然应当允许行政机关补充证据。《行政诉讼法》中对于是否允许行政机关补充证据设定了须由人民法院准许的条件，主要是考虑到在个案中行政相对人或者利害关系人提出的理由或证据是否属于新理由或者新证据，以及是否需要补充证据，应当由人民法院把关，避免影响行政诉讼的效率。此时，行政机关补充的证据属于执法卷宗之外的材料，但同样属于可以用于证明被诉行政行为合法性的材料。

二是行政执法涉及国家利益、公共利益或者他人合法权益的证据材料，行政机关可以在诉讼中应人民法院的要求补充有关证据材料。根据最高人民法院《关于行政诉讼证据若干问题的规定》第九条第二款“对当事人无争议，但涉及国家利益、公共利益或者他人合法权益的事实，人民法院可以责令当事人提供或者补充有关证据”的规定，在个别案件中，部分证据可能和诉讼当事人并不相关而无人向人民法院提交，但这些证据涉及国家利益、公共利益或者他人利益时，人民法院会要求诉讼当事人补充提交相应的证据，以查明案件客观事实，兼顾各方利益依法裁判。行政机关应人民法院要求补充的证据，不会订在执法的卷宗里，但同样可以作为案件证据材料使用。

三是行政复议机关在复议过程中收集到的用于证明原行政行为是否合法的证据，同样不会订入原行政执法的卷宗内，却可以作为证明原行政行为合法的证据材料。根据《行政诉讼法司法解释》第一百三十五条第二款、第三款“作出原行政行为的行政机关和复议机关对原行政行为合法性共同承担举证责任，可以由其中一个机关实施举证行为。复议机关对复议决定的合法性承担举证责任。复议机关作共同被告的案件，复议机关在复议程序中依法收集和补充的证据，可以作为人民法院认定复议决定和原行政行为合法的依据”的规定，复议机关在复议过程中收集到的证据依法可以采纳，就属于行政案卷排他性原则的例外。

三、行政机关负责人出庭

24 为什么规定行政机关负责人出庭制度？

行政机关负责人出庭制度是《行政诉讼法》修改确立的重要成果之一。《行政诉讼法》第三条第三款规定："被诉行政机关负责人应当出庭应诉。不能出庭的，应当委托行政机关相应的工作人员出庭。"2020年6月，最高人民法院又出台了《关于行政机关负责人出庭应诉若干问题的规定》，专门针对行政机关负责人出庭应诉工作的实际操作作出了指引和要求。原本行政机关出庭应诉人员如何安排，以及委托哪些人员出庭应诉，只是行政机关的内部事务，为什么人民法院要在行政诉讼法作出规定呢？主要原因在于以下几点。

首先，行政机关负责人出庭应诉是为了回应社会的关切。以往的行政诉讼"告官不见官"，民众在法庭上只能见到行政机关的工作人员和诉讼代理人，负责人出庭制度的推出和完善，使民众可以和行政机关负责人在法庭上平等地对话，有助于改善官民关系，促进行政争议的解决。

其次，行政机关负责人出庭应诉有助于行政纠纷的实质性化解。行政机关的领导体制是首长负责制，每一项行政决策或行政决定都需要行政首长的审批。只有行政首长亲自出庭应诉，对原告的起诉和双方的分歧有了准确清晰的了解，才有助于行政首长有针对性地采取管理措施，有效解决原告提起诉讼需要解决的问题。如果仅由行政机关普通工作人员出庭应诉，行政机关负责人了解到的行政诉讼信息，只能是听取出庭应诉人员的汇报，不一定能够切实感受到诉讼对双方的影响。行政机关负责人亲自出庭应诉，有助于实质性化解行政纠纷，避免诉讼程序空转。

再次，行政机关负责人出庭应诉能够增强人民群众对人民法院的信任，有助于原告的服诉息讼。行政机关负责人带头出庭应诉，是以实际行动落实法律义务，更有利于维护司法权威，也向社会传递行政机关尊重法律，诚心接受法律监督的强烈信号，从而有助于人民群众树立对法治的信心，增强对司法的信任，更容易在全社会形成对司法裁判服诉息讼的社会氛围，促进社会的和谐。

最后，行政机关负责人出庭应诉有助于提高领导干部的法律能力。习近平总书记指出，各级领导干部在推进依法治国方面肩负着重要责任，全面依法治国必须抓住领导干部这个“关键核心”。领导干部要带头尊重宪法和法律，弘扬法治理念，提高法治修养，把权力运行置身于宪法与法律规则框架内。行政机关负责人出庭正是落实依法行政的具体举措，也是提高法律意识的良好契机。通过诉讼活动可以更好地学习行政法、行政规章等法律法规，举证、质证、辩论等激烈的庭审程序也进一步提高了领导干部的证据意识、程序意识。

25 行政机关负责人出庭应诉需要做哪些准备工作?

充分的庭前准备工作是胜诉之母。行政机关负责人出庭既代表着自己的形象,也代表着整个被诉行政机关的形象,有的庭审还会进行直播,全社会不特定的人员都可能打开视频,观看浏览行政机关负责人出庭应诉的表现。行政机关负责人在庭上的言行举止既关系政府形象,也可能影响案件审判的结果,因此负责人务必重视出庭,在出庭应诉之前,做好准备工作,具体可分为5个步骤。

一是负责人要在出庭前召开案情分析会,听取具体执法部门和人员的汇报。负责人应当在开庭前召集相关部门,如作出具体行政行为的科室、法制科室、分管领导等部门或人员共同参与,召开应诉工作会议,认真研究案情、证据、依据及相关材料,分析研判争议产生的根由、案件争议焦点等。

二是研判案件的走向,提前拟订可行的案件解决方案。行政案件产生是行政机关在自身的管理领域中发生的,行政机关对于争议的产生和大致的发展走向,应当有一定的了解,并且应提前拟订可行和备选的解决方案。因为人民法院可能在法庭上直接征求双方当事人对于案件是否有协调和解的可能,以及双方可以接受的协调和解方案的意见。行政机关一方给出的和解或调解方案往往成为案件是否能够协调解决的关键,建议事先准备充分。

三是确定合适的诉讼代理人。负责人出庭的,可以另行委托1~2名代理人,代理人的配置建议由一名律师和机关工作人员组成，律师可聘请专注于行政诉讼领域或该机关长期法律顾问，这样的配置熟悉诉讼法律程序以及部门领域法律法规、实际管理职能，避免在法庭上一问三不知，做到配合有度。

四是向人民法院提交行政机关负责人身份证明。根据最高人民法院《关于行政机关负责人出庭应诉若干问题的规定》第六条第一款“行政机关负责人出庭应诉的，应当于开庭前向人民法院提交出庭应诉负责人的身份证明。身份证明应当载明该负责人的姓名、职务等基本信息，并加盖行政机关印章”的规定，有关行政机关负责人的姓名、职务等信息，都需要事先向人民法院提交。人民法院在开庭前会向到庭的各方当事人介绍出庭应诉人员的身份。

五是发言准备充分，规范出庭应诉的职责内容。负责人出庭时应衣着严肃，认真倾听行政相对人诉求，积极配合法院的庭审工作并就实质性化解行政争议发表意见，做到“出庭又出声、应诉又应答”，展现法治政府、责任政府的良好形象。

26 行政机关负责人出庭和委托代理人有何区别？

《行政诉讼法司法解释》第一百二十八条第二款规定：“行政机关负责人出庭应诉的，可以另行委托一至二名诉讼代理人。行政机关负责人不能出庭的，应当委托行政机关相应的工作人员出庭，不得仅委托律师出庭。”依据该规定，行政机关出庭应诉的人员，除了行政机关负责人以外，还可以另行委托诉讼代理人。行政机关的负责人出庭和委托代理人出庭有何区别呢？

首先，行政机关负责人和委托代理人出庭应诉的目的不同。行政机关负责人出庭应诉的目的在于展示行政机关依法行政的形象，对协调和解等重大诉讼事项代表行政机关发表意见，协助人民法院共同对原告做好协调和解工作。普通的委托代理人只是接受行政机关的委托代为发表诉讼意见，委托代理人身份可能是行政机关的内部工作人员，也可能是律师，其出庭应诉的目的主要是代理行政机关依法行使诉讼权利。

其次，行政机关负责人和委托代理人应诉的职责分工不同。最高人民法院《关于行政机关负责人出庭应诉若干问题的规定》第十一条第二款规定："行政机关负责人或者行政机关委托的相应工作人员在庭审过程中应当就案件情况进行陈述、答辩、提交证据、辩论、发表最后意见，对所依据的规范性文件进行解释说明。"从该规定的内容来看，行政机关负责人和委托代理人在出庭应诉答辩、发表意见等诉讼环节的职责并无二致。但最高人民法院《关于行政机关负责人出庭应诉若干问题的规定》第十一条第三款规定："行政机关负责人出庭应诉的，应当就实质性解决行政争议发表意见。"可见，行政机关负责人出庭应诉的重要职责，在于对诉讼的实质性解决发表意见，这也是行政机关负责人出庭应诉制度的立足点之一。

最后，行政机关负责人和委托代理人表达诉讼意见的权限不同。行政机关负责人作为被告行政机关的代表，对于诉讼中的重要事项，如协调和解意见、变更被诉行政行为、协商补偿或赔偿数额等，能够根据内部的决策程序或授权，直接表达结论性的意见。委托代理人表达意见的权限，则需要区分委托代理的一般授权与特别授权。取得一般授权的委托代理人，表达意见的权限仅限于展示被诉行政行为的合法性，反驳原告提出的诉讼主张和意见等方面。取得特别授权的委托代理人，可以就放弃己方的诉讼请求，或者认可对方的诉讼请求，以及同意协调和解等特定方面表达意见。

行政机关负责人和委托代理人在出庭应诉中虽然存在身份和权限方面的差异，但在庭审过程中，应当互相配合，互为补充，共同为被诉行政行为的合法性提供有效的论证意见。

27 行政机关的副职可以作为出庭负责人吗？

从通俗意义上理解，根据《行政诉讼法》第三条第三款“被诉行政机关负责人应当出庭应诉……”的规定，行政机关负责人出庭应诉机制中的负责人似乎应当是行政机关的正职负责人。但客观上，行政机关的正职负责人并不一定能够确保工作时间的安排以应对出庭应诉工作。此外，行政机关内部的工作机制采取的一般是分管制，即行政机关的内部管理职责存在分工，不同的副职负责人主管某一方面或几方面的具体事务。《行政诉讼法司法解释》第一百二十八条第一款规定：“行政诉讼法第三条第三款规定的行政机关负责人，包括行政机关的正职、副职负责人以及其他参与分管的负责人。”最高人民法院《关于行政机关负责人出庭应诉若干问题的规定》第二条第一款也规定：“行政诉讼法第三条第三款规定的被诉行政机关负责人，包括行政机关的正职、副职负责人、参与分管被诉行政行为实施工作的副职级别的负责人以及其他参与分管的负责人。”根据以上规定，行政机关的副职是可以作为负责人出庭应诉的。

28 政府秘书长可以作为出庭负责人吗？

《行政诉讼法司法解释》第一百二十八条第一款规定：“行政诉讼法第三条第三款规定的行政机关负责人，包括行政机关的正职、副职负责人以及其他参与分管的负责人。”最高人民法院《关于行政机关负责人出庭应诉若干问题的规定》第二条第一款规定：“行政诉讼法第三条第三款规定的被诉行政机关负责人，包括行政机关的正职、副职负责人、参与分管被诉行政行为实施工作的副职级别的负责人以及其他参与分管的负责人。”

根据上述规定，除了正职、副职负责人外，参与分管的正职、副职负责人也可以出庭。政府秘书长作为行政官员，根据各级政府编制设置，一般负责机关日常事务、主持办公厅工作，协助正职、副职负责人联系各分管部门，有的地方秘书长直接分管机关事务管理局或负责该级政府某项工作。部分地区出台的细则也直接规定了秘书长可以出庭的权限，如《河南省行政机关负责人出庭应诉工作规定》第三条第二款规定：被诉行政机关为市级政府的，其政府秘书长、副秘书长可以作为参与分管被诉行政行为实施工作的负责人。因此政府秘书长可以代表被诉行政机关出庭，在司法实务中也会得到法庭准许。

29 受托的行政机关法定代表人可以作为出庭负责人吗?

虽然行政机关的法定代表人属于行政机关负责人，但是受托的行政机关法定代表人不可作为出庭负责人代表被诉机关出庭。最高人民法院《关于行政机关负责人出庭应诉若干问题的规定》第二条第二款规定：“被诉行政机关委托的组织或者下级行政机关的负责人，不能作为被诉行政机关负责人出庭。”

关于受托的行政机关负责人是否能出庭的问题在立法过程中也曾引发争议，最终《行政诉讼法》并未采取这种做法。基于“谁委托、谁被告、谁出庭”的行政法理念，对于行政机关委托的组织所作的行政行为，委托的行政机关是被告。同理，行政机关组建并赋予行政管理职能但不具有独立承担法律责任能力的机构，以自己的名义作出行政行为，当事人不服提起诉讼的，应当以组建该机构的行政机关为被告，该机构不能作为被告出庭。因此《行政诉讼法》以及后续司法解释均未准允该做法。现行立法已将出庭应诉的行政机关负责人范围明确限定在本级行政机关的负责人之列，将下级单位或委托的组织的负责人视为本级单位的负责人，于法无据。

如出现下级行政机关或被委托的行政机关负责人、具体承办事项的工作人员对被诉行政行为更加了解的情况，由其出庭应诉，会更有利于化解行政争议。在司法实践中，行政机关完全可以通过委托其作为本级行政机关相应的工作人员出庭应诉来达到此种效果。因此，虽然受托的行政机关法定代表人不能作为被诉行政机关负责人出庭，但如果该受托法定代表人确实更加了解案件情况，被诉行政机关委托其作为本级行政机关相应的工作人员，其便可出庭应诉。

30 目前有关行政机关负责人出庭的法律规定有哪些？

2014 年修正的《行政诉讼法》首次确立了行政机关负责人出庭应诉制度。2015 年 4 月 20 日通过的最高人民法院《关于适用〈中华人民共和国行政诉讼法〉若干问题的解释》对出庭应诉的行政机关负责人的范围作出了具体界定。在 2017 年修正的《行政诉讼法》以及 2018 年公布实施的《行政诉讼法司法解释》出台后，以上法律以及司法解释废止，目前关于行政机关负责人出庭制度的法律规定，如表 1 所示。

表 1　行政机关负责人出庭制度相关规定

法律位阶	内　　容
法律	《行政诉讼法》第三条第三款规定："被诉行政机关负责人应当出庭应诉。不能出庭的，应当委托行政机关相应的工作人员出庭。"
司法解释	1.《行政诉讼法司法解释》第八章规定行政机关负责人出庭应诉。 2. 最高人民法院《关于行政机关负责人出庭应诉若干问题的规定》
地方政府规章（仅列举部分）	1.《河南省行政机关负责人出庭应诉工作规定》 2.《郑州市行政机关负责人出庭应诉工作规定》

续表

法律位阶	内　容
地方规范性文件（仅列举部分）	1. 中共内蒙古自治区党委全面依法治区委员会办公室《关于行政机关负责人出庭应诉的指导意见（试行）》 2. 天津市委依法治市办印发的《关于加强和改进全市行政机关负责人出庭应诉工作的十项措施》 3. 上海市长宁区人民政府修订印发的《长宁区行政机关负责人行政诉讼出庭应诉和旁听工作的实施意见》 4. 天津市人民政府办公厅关于印发的《天津市行政机关负责人出庭应诉工作办法》

由上表可见，从法律层面到地方的细化规定，行政机关负责人出庭应诉制度目前已经形成了较为系统的法律体系。《行政诉讼法》是对制度的概括性规定，《行政诉讼法司法解释》第八章、最高人民法院《关于行政机关负责人出庭应诉若干问题的规定》是最高人民法院专门针对出庭应诉制度所作出的司法解释。除此之外，各地还纷纷出台了相应的地方规章与规范性文件。因此，我们应结合以上规定理解行政机关负责人出庭应诉制度。行政机关负责人出庭应诉制度的发展历程与大多数法律制度不同，其先由地方各级政府进行探索，将其作为依法行政的重要内容应用于实践，而后中央层面出台政策文件予以推动，最终形成了统一的立法规范。法律之所以产生，是因为目的需要。每条具体法律规则的产生都有其特有的目的，而行政机关负责人出庭应诉制度的出台，则是为了解决行政争议、建设法治政府，最终实现保护公民、组织合法权益的目的。作为一项极具中国特色、饱含浓厚司法智慧的法律制度，它监督行政机关依法行政，在法治政府的建设中发挥了不可替代的作用。

31 哪些情形下需要行政机关负责人出庭？

目前，关于行政机关负责人出庭的具体情形主要规定在《行政诉讼法司法解释》、最高人民法院《关于行政机关负责人出庭应诉若干问题的规定》这两个司法解释中。

（1）4 类特殊案件——人民法院应当通知行政机关负责人出庭。

《行政诉讼法司法解释》第一百二十九条第一款规定，被诉行政机关负责人应当出庭的 4 类特殊案件是涉及重大公共利益、社会高度关注或者可能引发群体性事件等案件以及人民法院书面建议行政机关负责人出庭的案件。但司法实践中关于该规定的前 3 类特殊案件（涉及重大公共利益、社会高度关注或者可能引发群体性事件等案件）与人民法院书面建议出庭的案件间存在重叠。2020 年出台的最高人民法院《关于行政机关负责人出庭应诉若干问题的规定》第四条对该争议进行了回应并作出进一步的细化规定。依据该司法解释第四条第一款的规定，前 3 类特殊案件（涉及重大公共利益、社会高度关注或者可能引发群体性事件等案件），既是行政机关主动出庭应诉的案件，也是人民法院应当通知出庭应诉的案件，因此这 3 类案件与人民法院书面建议行政机关负责人出庭的案件类型是一致的。

（2）4 类案件——人民法院可以通知行政机关负责人出庭应诉。

最高人民法院《关于行政机关负责人出庭应诉若干问题的规定》第四条不仅回应了上述争议，该条第二款还对行政机关负责人出庭的案件类型进行了细化。其中第二款规定：“有下列情形之一，需要行政机关负责人出庭的，人民法院可以通知行政机关负责人出庭应诉：（一）被诉行政行为涉及公民、法人或者其他组织重大人身、财产权益的；（二）行政公益诉讼；（三）被诉行政机关的上级机关规范性文件要求行政机关负责人出庭应诉的；（四）人民法院认为需要通知行政机关负责人出庭应诉的其他情形。”以上 4 类即为人民法院可以通知行政机关负责人出庭应诉的案件类型。从以上规定还可看出，人民法院对第 4 类“人民法院认为需要通知行政机关负责人出庭应诉的其他情形”具有一定的自由裁量空间，对于具体列举的 3 类案件以外的案件，如人民法院认为确有需要，也可以通知行政机关负责人出庭应诉。

以上 8 种类型，属于司法解释中明确规定的行政机关负责人出庭的情形。但实践中，除了司法解释统一规定的出庭案件情形，各地针对实际情况也都出台了应诉细则，如河南省规定 30 人以上共同提起的集体土地征收与补偿、国有土地上房屋征收与补偿、强制拆除等可能引发群体性事件的案件；因责令停产停业，或者因暂扣、吊销行政许可证导致企业停产停业或者公民丧失生活主要经济来源，以及行政拘留涉及行政相对人重大人身自由而引发行政争议的案件，行政机关负责人必须出庭。除此之外，本级机关内部也可以对行政机关负责人必须出庭应诉的情形予以规定，如人民法院一审判决败诉、二审开庭审理的行政诉讼案件或者法制机构认为负责人出庭应诉更有利于化解争议的行政诉讼案件等。

在明确需要出庭的案件类型后，需要考虑该案件的所有审理程序，行政机关负责人是否都需要参与？由于我国实行二审终审制度，案件经过一审后，当事人可能会提出上诉。从审理程序上看，以往行政机关负责人认为只用一审出庭即可，后续程序无须出庭，但是此种观念如今已不再适用。最高人民法院《关于行政机关负责人出庭应诉若干问题的规定》第七条明确规定，诉行政机关负责人依法应当在一审、二审、再审等诉讼程序中出庭参加诉讼，其出庭义务不限制于具体的某一次庭审程序。同时为了避免影响正常的行政工作，对于同一审级需要多次开庭的同一案件，行政机关负责人到庭参加一次庭审的，一般可以认定其已经履行出庭应诉义务，但人民法院通知行政机关负责人再次出庭的除外。如果有不可抗力、意外事件、需要履行他人不能代替的公务或者有其他正当理由，行政机关负责人也可以不出庭，提交证明材料即可。

综上分析，《行政诉讼法司法解释》、最高人民法院《关于行政机关负责人出庭应诉若干问题的规定》这两个司法解释，明确了行政机关负责人出庭的案件范围以及程序范围。这不仅为人民法院灵活掌握行政机关负责人应当履行出庭义务提供了依据，也有利于解决行政争议、建设法治政府，体现了以人为本、以人民为中心的理念。

32 行政机关负责人不出庭有何法律后果？

行政负责人出庭应诉制度是我国行政诉讼的一大进步，对于推进法治政府建设，优化行政审判和营商环境，具有重要积极的意义。虽然《行政诉讼法》第三条第三款确立了“被诉行政机关负责人应当出庭应诉”的原则，但这并不意味每个案件行政机关负责人都必须出庭，为了不影响行政工作的进行，法律允许负责人有“不能出庭”的例外。从案件范围上看，除了必须出庭的案件类型以外，在大部分普通行政案件中，人民法院并不强求负责人出庭。从审理程序上看，如果有一审、二审、再审等程序，或者同一程序多次开庭的，负责人出庭一次即可，无须每次开庭都出庭。如因不可抗力、意外事件、需要履行他人不能代替的公务、无法出庭的其他正当事由而出现《行政诉讼法》第三条第三款所规定的情形，行政机关负责人也可以不出庭，但应当向法院提供相关证明材料或者委托其他行政机关工作人员出庭。依上述分析可知，负有出庭义务的行政机关负责人，可以不出庭，但是应当依据《行政诉讼法》以及相应司法解释所规定的程序向法院说明。但如果行政机关工作人员未经法定程序直接不出庭，则会带来一定的法律后果。

从法院层面来看，如果行政机关负责人应当出庭应诉而不出庭应诉，人民法院将会采取一定的处理方式。人民法院可以依据《行政诉讼法司法解释》第一百三十二条的规定，将情况记录在案和在裁判文书中载明，并可以建议有关机关依法作出处理，也可以依据最高人民法院《关于行政机关负责人出庭应诉若干问题的规定》第十二条的规定，向监察机关、被诉行政机关的上一级行政机关提出司法建议。但值得注意的是，虽然行政机关负责人不出庭需承担一定的法律后果，但是这并不属于案件程序错误。如果案件裁判结果正确，当事人不能仅以行政机关负责人未出庭应诉发回重审或者提起再审。从行政机关内部来看，鉴于负责人出庭应诉制度的重大意义，法院要求出庭，行政机关没有说明正当理由或理由不成立，也不委托工作人员出庭仅委托律师出庭的，依照《公职人员政务处分法》《行政机关公务员处分条例》《监察法》等规定，相关责任人员可能会通过内部程序被追责。部分地区针对应诉制度出台的地方性政府规章也将出庭应诉情况列入考核或绩效体系。例如，《河南省行政机关负责人出庭应诉工作规定》明确了行政机关负责人无正当理由程序不出庭时，将由上一级行政机关给予通报批评或予以行政处分；情节严重的，依照相关规定追究责任。

对不出庭行政机关负责人规定一定的法律后果有利于督促行政机关积极履行出庭义务、重视行政诉讼工作。更重要的是，被诉行政机关负责人通过出庭应诉，参与行政诉讼活动，直接面对公民、法人或其他组织，可以更好地了解本行政机关的执法情况，有效解决行政争议，有利于全面推进依法行政，加强法治政府建设。

33 出庭的行政机关负责人需要做哪些准备？

行政机关负责人按照法律规定出庭应诉是履行法律义务，并且可以维护行政管理秩序和公共利益。通常来说，行政机关在收到法院送达的开庭传票等材料以后，就应当着手应对诉讼，做好相应庭前准备。实践中，有些行政机关负责人在前期的出庭准备上不认真对待，甚至完全依赖具体执法人员和律师，以为开个庭露个面就可以，结果在庭审过程中，对于法院的提问，无法准确回答，进退失据导致最终败诉。行政机关负责人出庭应诉目的在于化解纠纷，因此开庭前就应当准备若干化解方案，以备在庭审过程中根据相对人的请求，作出相应的应对。认真准备出庭应诉是保证庭审成功的基本条件。因此，应当做好以下开庭准备工作。

（1）向法院提交准确的出庭应诉负责人身份证明。根据最高人民法院《关于行政机关负责人出庭应诉若干问题的规定》第六条“行政机关负责人出庭应诉的，应当于开庭前向人民法院提交出庭应诉负责人的身份证明。身份证明应当载明该负责人的姓名、职务等基本信息，并加盖行政机关印章。人民法院应当对出庭应诉负责人的身份证明进行审查，经审查认为不符合条件，可以补正的，应当告知行政机关予以补正；不能补正或者补正可能影响正常开庭的，视为行政机关负责人未出庭应诉”，以及《行政诉讼法司法解释》第一百三十一条第一款“行政机关负责人出庭应诉的，应当向人民法院提交能够证明该行政机关负责人职务的材料”的规定，行政机关要依法确定出庭应诉的行政机关负责人，办理好出庭应诉负责人身份证明，并且信息要准确无误，出庭应诉的负责人要符合条件，避免因不符合条件被视为未出庭应诉。根据《行政诉讼法司法解释》第一百二十八条第一款的规定，行政机关负责人包括行政机关的正职、副职负责人以及其他参与分管的负责人。

（2）选择好诉讼代理人共同出庭应诉。根据《行政诉讼法司法解释》第一百二十八条第二款“行政机关负责人出庭应诉的，可以另行委托一至二名诉讼代理人。行政机关负责人不能出庭的，应当委托行政机关相应的工作人员出庭，不得仅委托律师出庭”的规定，行政机关负责人出庭应诉，可以确定1~2名诉讼代理人共同出庭应诉，并办理好诉讼代理人委托手续。

（3）确认应诉方案、答辩状等材料，准备需要发表的意见。根据最高人民法院《关于行政机关负责人出庭应诉若干问题的规定》第十一条第二款“行政机关负责人或者行政机关委托的相应工作人员在庭审过程中应当就案件情况进行陈述、答辩、提交证据、辩论、发表最后意见，对所依据的规范性文件进行解释说明”和第三款“行政机关负责人出庭应诉的，应当就实质性解决行政争议发表意见”的规定，行政机关负责人在庭审当中可能需要就案件情况进行陈述、答辩等，因此出庭前需要提前熟悉相关内容，避免当庭不知如何表达或者无法应答。实务中一般也是由行政机关委托的相应工作人员或律师来做此工作。但是，就实质性解决行政争议发表意见是必要的，需要提前准备好需要表达的内容，准确无误地向行政相对人、法庭发表意见。

（4）做好出庭应诉的其他准备工作。例如，提前确认开庭时间、地点，了解诉讼代理人的准备情况，做好相应出庭人员的安排等。

34 出庭行政机关负责人发表意见需要注意哪些事项？

最高人民法院《关于行政机关负责人出庭应诉若干问题的规定》第十一条第三款规定：“行政机关负责人出庭应诉的，应当就实质性解决行政争议发表意见。”因此，行政机关负责人出庭应诉制度建构的目的，重在实质性化解行政争议。因此，行政机关负责人在法庭上的表现很重要。行政机关负责人在法庭上发表意见时，应当让老百姓感受到行政机关对待诉讼的态度和解决纠纷的诚意。如果行政机关负责人出庭不出声，应诉不应答，出庭应诉也就不能实现制度预设的目的。

出庭的行政机关负责人发表庭审意见时，应当意识到制度设置的目的。行政机关负责人当庭发表代理意见，应当注意以下方面的内容。

（1）出庭应诉的负责人应当是分管、熟悉本部门行政执法的负责人，须对涉诉事项具有一定程度的决定权限。为了提高实质性化解纠纷的效率，出庭的行政机关负责人应当可以在自己的职权范围内，当庭表达对解决纠纷的结论性意见。如果出庭的负责人未能准备好实质性化解的意见，负责人出庭的法律效果和社会效果就无法得到有效保障。

（2）出庭应诉的负责人应当自觉遵守和维护法庭纪律。行政机关负责人在诉讼中的身份是代表被告行政机关出庭应诉人员，而非行政机关的管理人员。在诉讼程序中，原告和被告的法律地位平等。因此，出庭应诉的行政机关负责人，应当自觉遵守法庭纪律，严格规范应诉行为，自觉维护法庭秩序，听从法庭指挥，未经法庭准许不得随意发言。负责人在法庭上发表意见应当有理有利有节。如果混同了行政机关管理者的出庭应诉人员的身份，在法庭上发表意见措辞不当，不但无益于纠纷的化解，而且影响公正执法的行政机关形象。

（3）负责人在法庭上应当敢于依法辩论、敢于化解矛盾。行政机关负责人是代表国家行政管理机关出庭应诉，不仅要敢于“发声”，更要善于“发声”，要依法维护合法行政行为；行政机关负责人作为纠纷中被告一方的代表，不仅要敢于化解矛盾，更要善于化解矛盾，找准解决纠纷的关键点，着力配合法院解决争议。对于属于行政裁量权范围内的管理事项，在合情合理合法的情况下，要敢于表态，敢于拍板；对法律明确规定不属于自由裁量权范围内的事项，要依法处理，慎重表达。

（4）在庭审过程中，负责人要积极发言，有效发言。行政机关负责人应当对被诉行政行为具有全面的认识，对于涉案争议的解决及走向有清晰准确的判断，在行政管理的职权范围和裁量范围内，应当作出尽可能的让步，争取和原告的诉求最大限度达成一致。行政机关负责人提出的实质性化解纠纷的意见，既不能和稀泥，逾越行政管理的职权职责范围，又要能够充分保障原告的合法权益和正当诉求，争取利用和原告在法庭上沟通交流的机会，使得双方互谅互让，互相理解，找到妥善化解争议的正确途径。

35 原告对被告出庭的行政机关负责人提出异议时，如何处理？

行政机关负责人出庭应诉的机制是由 2015 年 5 月 1 日修改实施的《行政诉讼法》提出来的，目的是提高解决行政纠纷的效率，促进行政争议的实质性化解。所以行政机关负责人是否出庭，以及出庭的负责人是否符合法定的要求，并不影响原告依法行使诉讼权利。但原告仍可以对被告的行政机关负责人未出庭，或者虽然出庭但对负责人的身份或者庭审发言提出异议。由于原告针对行政机关负责人提出异议往往在案件庭审过程中，所以原告提出的异议主要应由人民法院作出处理，行政机关则需要根据法庭的指引，可以针对原告提出的异议作出必要的说明和解释。

根据最高人民法院《关于行政机关负责人出庭应诉若干问题的规定》第十三条第一款的规定：“当事人对行政机关具有本规定第十二条第一款情形提出异议的，人民法院可以在庭审笔录中载明，不影响案件的正常审理。”原告当庭针对行政机关负责人出庭应诉提出异议的，人民法院的处理方式主要是在庭审笔录中记录原告的异议，但并不因原告的异议影响庭审的进行。

根据最高人民法院《关于行政机关负责人出庭应诉若干问题的规定》第十三条第二款、第三款的规定：“原告以行政机关具有本规定第十二条第一款情形为由拒不到庭、未经法庭许可中途退庭的，人民法院可以按照撤诉处理。原告以行政机关具有本规定第十二条第一款情形为由在庭审中明确拒绝陈述或者以其他方式拒绝陈述，导致庭审无法进行，经法庭释明法律后果后仍不陈述意见的，人民法院可以视为放弃陈述权利，由其承担相应的法律后果。”如果原告针对行政机关负责人出庭不仅提出异议，而且以此为由未经法庭许可中途退庭，或者拒绝继续发表意见，产生的法律后果一律由原告承担。

四、举证期限

36 何谓行政诉讼法中的举证期限?

行政诉讼中的举证期限是指原告和被告在诉讼中向人民法院提交证据的期限规定。行政诉讼制度中原告和被告的举证期限规定，旨在维护诉讼公正，有助于保护当事人的合法权益，加强对证据的管理和审查，确保案件得以公正裁决。诉讼当事人应当充分认识到举证期限规定的重要性，并在规定期限内提供相应的证据和辩解意见。

（1）行政诉讼中原告的举证期限规定。最高人民法院《关于行政诉讼证据若干问题的规定》第七条规定："原告或者第三人应当在开庭审理前或者人民法院指定的交换证据之日提供证据。因正当事由申请延期提供证据的，经人民法院准许，可以在法庭调查中提供。逾期提供证据的，视为放弃举证权利。原告或者第三人在第一审程序中无正当事由未提供而在第二审程序中提供的证据，人民法院不予接纳。"原告在诉讼中提交证据，应当在开庭审理前或者证据交换之日提交，无正当理由逾期提交的，人民法院可能不予采纳。

（2）行政诉讼中被告的举证期限规定。《行政诉讼法》第六十七条第一款规定："人民法院应当在立案之日起五日内，将起诉状副本发送被告。被告应当在收到起诉状副本之日起十五日内向人民法院提交作出行政行为的证据和所依据的规范性文件，并提出答辩状。人民法院应当在收到答辩状之日起五日内，将答辩状副本发送原告。”被告应当在答辩时提交行政行为所依据的证据及依据。

行政诉讼中主要由被告负举证责任，因此，被告应当了解法定的举证期限，在应诉和答辩中及时向人民法院提交证据，避免因为延期举证，造成败诉的不利后果。

37 原告提起诉讼超过起诉期限，人民法院会如何处理？

行政诉讼的起诉期限是指公民、法人或者其他组织不服行政机关作出的行政行为，而向人民法院提起行政诉讼，其起诉可由人民法院立案受理的法定期限。不同于民事诉讼中的诉讼时效制度，行政诉讼起诉期限是保护起诉权的有效期间，也是法定起诉条件之一，如果当事人在法定期限内不行使该权利，则有可能会产生丧失起诉权的法律后果。行政诉讼起诉期限解决的是行政起诉能否进入司法实体审查的问题，因此法院有权主动对之开展审查。

《行政诉讼法司法解释》第六十九条第一款规定，原告超过法定起诉期限且无《行政诉讼法》第四十八条规定情形，已经立案的，法院应裁定驳回起诉。如未立案，法院应裁定不予立案。例如，在田某俊诉徐州市泉山区人民政府（以下简称泉山区政府）房屋补偿纠纷一案中，泉山区政府提供的《房屋补偿决定》及其送达证、送达照片、送达谈话笔录、视频资料以及证人证言等证据，能够证明泉山区政府作出《房屋补偿决定》后于2014年10月17日向田某俊进行送达的事实。修改前的《行政诉讼法》第三十九条规定，公民、法人或者其他组织直接向人民法院提起诉讼的，应当在知道作出具体行政行为之日起3个月内提出，法律另有规定的除外。该案中，田某俊直至2015年3月才提起该案诉讼，显然不符合《行政诉讼法》所规定的起诉期限，亦超过泉山区政府在《房屋补偿决定》中依法告知的期限。最终，该案一审、二审、再审法院均以原告田某俊超出行政诉讼法定期限为由裁定驳回起诉。针对田某俊主张人民法院不应对起诉期限主动进行审查，应适用诉讼时效的上诉主张，最高人民法院认为，行政诉讼法上的起诉期限不同于民法上的诉讼时效。诉讼时效本质上是实体法上的制度，关系到某一实体权利应否受人民法院强制力保护。民法上的诉讼时效属于私法范畴，遵循自愿原则和诚信原则。因此，对于诉讼时效效力采取抗辩发生主义，人民法院不得主动适用诉讼时效的规定，一旦义务人行使时效抗辩权，权利人即丧失胜诉权。行政诉讼法的起诉期限是法定的起诉条件之一。由于行政案件属于公法诉讼，涉及公共利益和社会管理秩序的稳定性，所以对起诉是否符合法定条件，包括是否超过法定起诉期限，人民法院应当依职权进行审查，并非当事人不主张人民法院不审查的事项。

行政诉讼法设立起诉期限的目的在于督促行政相对人及利害关系人尽快行使权利，提高行政机关执法效率，维护行政管理秩序的稳定。如果不对起诉期限加以限制，行政行为将一直处于被质疑和否定的状态，不仅影响行政效率，而且降低行政机关公信力。因此，当事人应及时维权，保护自身合法权益。

38 行政机关是否需要在诉讼中主动请求法院审查原告的起诉是否超过法定期限？

行政诉讼制度脱胎于民事诉讼制度，而在民事诉讼中，法院在立案阶段对原告的起诉是否超过诉讼时效并不作主动审查，只有被告对原告的起诉超过时效提出抗辩的，人民法院才进行审查。由此可能引出如下问题，行政诉讼中人民法院在立案阶段是否可以主动审查原告的起诉是否超过起诉期限，以及行政诉讼中证明原告的起诉是否超过起诉期限应当由谁举证？上述问题如何解决，同样关系到行政诉讼中被告应诉答辩的策略应当如何安排。

行政诉讼起诉期限是原告的法定起诉条件之一。《行政诉讼法》第四十九条规定："提起诉讼应当符合下列条件：（一）原告是符合本法第二十五条规定的公民、法人或者其他组织；（二）有明确的被告；（三）有具体的诉讼请求和事实根据；（四）属于人民法院受案范围和受诉人民法院管辖。"从上述条款来看，《行政诉讼法》第四十九条规定了 4 个起诉条件，分别是原告资格、被告适格、有诉讼请求和事实根据、受案范围和管辖权。但是在后续的适用中，最高人民法院在《行政诉讼法司法解释》第六十九条中作出了细化规定，补充了 9 项起诉条件限制，如起诉期限、错列被告、重复起诉、复议前置等，其中就包含了起诉期限。这些都是起诉条件的审查要素，结合以上法条规定，起诉期限已经成为原告的法定起诉条件。因此，在行政诉讼的司法实践中，人民法院常常主动审查，如发现原告超出法定期限，将裁定不予立案或驳回起诉。

虽然人民法院对此会进行主动审查，但是行政机关在对起诉期限有异议时仍可以主动申请法院审查。此外，行政机关对此也需要承担举证责任，根据《最高人民法院关于行政诉讼证据若干问题的规定》第四条第二款的规定，被告认为原告起诉超过法定期限的，由被告承担举证责任。从该条款的规定来看，如果行政机关提出了相关主张，也应举证证明相关事实。在行政诉讼实践中，由于人民法院对该问题一直采取主动审查的模式，这也会导致被告对原告的起诉是否超过起诉期限的举证责任大为减轻。但总体来说，行政机关作为被告仍需要针对起诉期限问题积极应诉，积极举证，争取行政案件能够从程序上得到有效解决。

39 行政诉讼设定举证期限有何意义？

行政诉讼中设定提交证据的时限是人民法院诉讼制度的必要组成部分。行政诉讼的举证期限对于实现司法公正、提高行政诉讼效率、促进行政机关依法行政等重要问题具有举足轻重的作用。

第一，设定行政诉讼举证期限是实现司法公正的客观要求。人民法院审理案件有审理期限的要求，但目前人民法院普遍面临的状况是案多人少，大量的案件迟迟未能及时审结，公正与效率的矛盾成为困扰司法公正的一大难题。设置举证期限，让诉讼双方当事人对举证及案件的审理有一个合理的预期，是推动诉讼程序向前进展的步骤之一。举证期限对于诉讼双方当事人的要求是平等的，除了具有正当的理由外，超过举证期限提交的证据法院将不予采纳，此做法体现了司法的公正。

第二，设定行政诉讼证据举证期限有助于提高诉讼的效率。诉讼成败的关键之一就在于双方当事人持有的证据比较。诉讼中双方当事人为了争取胜诉，势必将手中的证据不遗余力地提交给人民法院，并且会不断补充证据来强调己方的观点和理由。如果没有举证期限的限定，当事人可能在诉讼的每一个阶段，在举证与反驳过程中不断地补充证据，允许当事人不受期限限制地补充证据，将会大大延缓案件审理的效率，造成案件迟迟无法审结的不良后果。

第三，设定行政诉讼的举证期限对于促进行政机关依法行政具有重要作用。行政诉讼制度中设置举证期限，意味着一旦进入诉讼程序，行政机关就必须在规定的期限内，把执法过程中收集和制作的证据材料及时提交给法院。除了法定情形之外，行政机关在诉讼阶段不得再行向行政相对人收集证据，这促使行政机关在行政执法阶段，必须注重收集齐全各类证据，其需要不断提高依法行政的水平，增强执法取证的能力，争取案件的胜诉。

40 现行《行政诉讼法》关于举证期限是如何规定的?

举证期限是指当事人向人民法院提供证据的期间。根据《行政诉讼法》第六十七条“人民法院应当在立案之日起五日内，将起诉状副本发送被告。被告应当在收到起诉状副本之日起十五日内向人民法院提交作出行政行为的证据和所依据的规范性文件，并提出答辩状。人民法院应当在收到答辩状之日起五日内，将答辩状副本发送原告。被告不提出答辩状的，不影响人民法院审理”的规定，行政机关应当在收到人民法院送达的原告起诉状副本之日起 15 日内，向人民法院提交证据。当然，个别情况下，被告行政机关可能因不可抗力或者客观原因的确难以在举证期限内完成举证，行政诉讼法相关司法解释也设置了延期举证的相关制度。根据《行政诉讼法司法解释》第三十四条“根据行政诉讼法第三十六条第一款的规定，被告申请延期提供证据的，应当在收到起诉状副本之日起十五日内以书面方式向人民法院提出。人民法院准许延期提供的，被告应当在正当事由消除后十五日内提供证据。逾期提供的，视为被诉行政行为没有相应的证据”的规定，被告可以依法向法院申请延期提交证据，但延期同样有期限限制，需要在正当事由消除后 15 日内提交证据，此时仍不提交证据的，视为没有证据。

《行政诉讼法》第六十七条第二款规定，被告不提出答辩状的，不影响人民法院审理。部分行政机关据此认为，该法第六十七条第一款虽然规定了被告应当在规定的举证期限内提交证据和依据，并提交答辩状，但第二款又规定不提交答辩状的，也不影响案件的审理，所以得出了被告在答辩时可以不提交答辩状的结论。实际上，这样的结论是不正确的。行政机关向人民法院提交的证据及依据，只是零散的、孤立的、分散的材料，为了证明被诉行政行为的合法性，行政机关还需要把自己提交的证据和依据有机地组织起来，形成系统的、关联的证据链条，这是答辩状的任务和要求。因此，行政机关在举证期限内提交证据和依据时，同时提交答辩状，是提交证据的应有之义。

《行政诉讼法》第六十七条第二款的规定的立法本意在于确保行政诉讼的效率，督促人民法院不能因为被告行政机关不提交答辩状，中止诉讼程序的进行。该款规定的目的是规范人民法院的诉讼活动，而不是允许被告行政机关提交答辩状可以逾越举证期限的规定。

41 行政诉讼二审和再审程序有举证期限的要求吗？

《行政诉讼法》第六十七条明确要求被告应当在收到起诉状副本之日起 15 日内向人民法院提交作出行政行为的证据和所依据的规范性文件，并提出答辩状。这主要是行政诉讼一审程序中对于举证期限的规定，而现行法律规定并未对行政诉讼二审和再审程序的举证期限作出要求。在二审和再审程序中提交的证据，除一审已经提交的之外，属于“新证据”。实际上，“新证据”原则上仅限于原告及第三人，作为被告的行政机关在二审期间提交证据，不认定为“新证据”。

《行政诉讼法》第三十四条规定：“被告对作出的行政行为负有举证责任，应当提供作出该行政行为的证据和所依据的规范性文件。被告不提供或者无正当理由逾期提供证据，视为没有相应证据。但是，被诉行政行为涉及第三人合法权益，第三人提供证据的除外。”由此，行政诉讼这一性质就决定了被告有义务提供证据证明自己行政行为的合法性，法院对于行政机关的行政行为合法性进行必要的监督，对于合法性的证据材料，应当由行政机关提供。然而，行政机关证明自己行政行为合法性的所有证据材料，均系在作出行政行为时形成，除根据《行政诉讼法》第三十六条第二款“原告或者第三人提出了其在行政处理程序中没有提出的理由或者证据的，经人民法院准许，被告可以补充证据”的规定补充提交证据外，被告应在一审举证期限内向法院提交。因此，二审、再审法院一般不接受被告在二审和再审期间提交的证据。

42 超过举证期限提交证据可能产生何种法律后果？

《行政诉讼法》第三十四条第二款第一句规定：“被告不提供或者无正当理由逾期提供证据，视为没有相应证据。”依据这一规定，被告行政机关超过举证期限提交证据，未能说明正当理由的，人民法院对被告提交的证据将不予采纳。如果该部分证据对于被诉行政行为的合法性的待证事实属于关键证据的话，人民法院不采纳该部分证据，势必影响对被诉行政行为合法性的证明，被告行政机关将不得不承担败诉的法律后果。

例如，在贾某诉西安市人民政府（以下简称西安市政府）房屋征收决定一案[①]中，西安市政府于 2018 年 7 月 13 日收到起诉状副本。同年 7 月 30 日，西安市政府以“本机关已向贵院提交了大部分证据材料，现因本案证据材料涉及多个部门，部分材料已归档等客观原因，本机关无法在规定的举证期限内交齐所有的证据材料”为由，向西安铁路运输中级法院书面申请延期 5 日举证，西安铁路运输中级法院予以准许。但西安市政府在准许延长的举证期限内，仍未提交关于被诉房屋征收决定是否符合国民经济和社会发展规划的证据，且未作出合理的说明。尽管此后西安市政府在同年 9 月 6 日向西安铁路运输中级法院的庭审中，提交了立项文件市发改委《关于西安市太华路－北二环立交工程项目建议书的批复》（市发改投发〔2016〕362 号），但仍属于无正当理由逾期提供证据的情形。至于西安市政府认为，根据最高人民法院《关于适用〈中华人民共和国民事诉讼法〉的解释》第一百零二条的规定，该批复应当被依法采纳的理由，由于《行政诉讼法》对行政行为合法性审查原则的规定和由被告对行政行为合法性承担举证责任的规定，与民事诉讼的举证责任明显不同，如按西安市政府之理由，《行政诉讼法》对行政机关举证责任的规定将失去立法意义。因此，西安铁路运输中级法院认定西安市政府作出被诉房屋征收决定时，是否符合法律规定的国民经济和社会发展规划，事实依据不足，

① 西安铁路运输中级法院行政判决书，（2018）陕 71 行初 610 号；陕西省高级人民法院行政判决书，（2019）陕行终 203 号。

并无不当。该案一审判决确认被告西安市政府作出市房征决字〔2018〕2号房屋征收决定的行政行为违法。二审判决维持一审判决。上述案例中，西安市政府因无正当理由逾期举证，最终其作出的房屋征收决定被确认违法。

43 超过举证期限提交证据还有必要吗?

行政机关在提交答辩状及证据的过程中，如果确已超过举证期限，提交的证据将不被人民法院采纳，此时行政机关是否还有必要继续向人民法院提交证据呢?答案是肯定的。因为行政诉讼案件虽然是原告和被告之间的争议，但往往涉及国家利益和公共利益，人民法院对于涉及国家利益、公共利益或者他人合法权益的证据，仍有查证的必要，所以建议行政机关继续提交相关证据，以节约司法资源，提高司法效率。

第一，根据《行政诉讼法司法解释》第三十七条“根据行政诉讼法第三十九条的规定，对当事人无争议，但涉及国家利益、公共利益或者他人合法权益的事实，人民法院可以责令当事人提供或者补充有关证据”的规定，证据涉及国家利益、公共利益或者他人合法权益的情形下，人民法院可能依法责令当事人提供或者补充，行政机关收集的证据存在此类情形的，虽然超过举证期限，仍可主动补充提交。

第二，根据最高人民法院《关于行政诉讼证据若干问题的规定》第二十二条“根据行政诉讼法第三十四条第二款的规定，有下列情形之一的，人民法院有权向有关行政机关以及其他组织、公民调取证据：（一）涉及国家利益、公共利益或者他人合法权益的事实认定的；（二）涉及依职权追加当事人、中止诉讼、终结诉讼、回避等程序性事项的”的规定，人民法院对于涉及国家利益、公共利益或者他人合法权益的事实认定，以及诉讼程序方面的证据，有权依法调取。行政机关收集的证据属于此类情形的，虽然超过举证期限，仍可主动补充提交。

例如，在刘某辉、刘某远诉广州市白云区人民政府（以下简称白云区政府）房屋拆迁补偿安置方案批复一案中，刘某辉、刘某远提出白云区政府无正当理由逾期提供证据，对其证据应不予采纳。广州铁路运输中级法院认为，根据《行政诉讼法》第一条之规定，行政诉讼法所保护的合法权益不仅是刘某辉、刘某远的合法权益，还包括受行政行为影响的其他有利害关系的公民、法人和其他组织的合法权益。该案刘某辉、刘某远的起诉涉及白云区政府对征地拆迁补偿方案的批复行为，该补偿方案涉及征地范围内众多有利害关系的公民、法人和其他组织的合法权益，确认批复违法或撤销批复可能会对其他有利害关系的公民、法人和其他组织的合法权益造成重大损害。在白云区政府有职权作出涉案批复且批复不存在程序违法或内容违法的情形下，该案不能仅因白云区政府逾期提供证据而否定其所提供的证据的证明效力，故该院最终采纳了白云区政府提供的证据，但指出白云区政府无正当理由逾期提供证据的不当之处。

五、诉讼权利

44 当事人在行政诉讼中享有哪些诉讼权利?

根据《行政诉讼法》和《民事诉讼法》的有关规定，诉讼当事人在行政诉讼中享有以下权利。

（1）起诉权。《行政诉讼法》第二条、第二十五条规定，公民、法人或者其他组织认为行政机关和行政机关工作人员的行政行为侵犯其合法权益，有权依照该法向人民法院提起诉讼。行政诉讼中作为被告的行政机关没有此权利。

（2）平等对待权。《行政诉讼法》第八条规定，当事人在行政诉讼中的法律地位平等。

（3）用本民族语言进行诉讼的权利。《行政诉讼法》第九条规定，各民族公民都有用本民族语言、文字进行行政诉讼的权利。在少数民族聚居或者多民族共同居住的地区，人民法院应当用当地民族通用的语言、文字进行审理和发布法律文书。人民法院应当对不通晓当地民族通用的语言、文字的诉讼参与人提供翻译。

（4）出庭陈述和辩论的权利。《行政诉讼法》第十条规定，当事人在行政诉讼中有权进行辩论。

（5）委托代理人的权利。《行政诉讼法》第三十一条规定，当事人、法定代理人，可以委托1～2人作为诉讼代理人。

（6）查阅本案庭审材料的权利。《行政诉讼法》第三十二条第二款规定，当事人和其他诉讼代理人有权按照规定查阅、复制本案庭审材料，但涉及国家秘密、商业秘密和个人隐私的内容除外。

（7）申请保全证据的权利。《行政诉讼法》第四十二条规定，在证据可能灭失或者以后难以取得的情况下，诉讼参加人可以向人民法院申请保全证据，人民法院也可以主动采取保全措施。

（8）申请复议和提起诉讼的选择权。《行政诉讼法》第四十四条第一款规定，对属于人民法院受案范围的行政案件，公民、法人或者其他组织可以先向行政机关申请复议，对复议决定不服的，再向人民法院提起诉讼；也可以直接向人民法院提起诉讼。

（9）申请延长起诉期限的权利。根据《行政诉讼法》第四十八条的规定，公民、法人或者其他组织因不可抗力或者其他不属于其自身的原因耽误起诉期限的，被耽误的时间不计算在起诉期限内。公民、法人或者其他组织因前款规定以外的其他特殊情况耽误起诉期限的，在障碍消除后10日内，可以申请延长期限，是否准许由人民法院决定。

（10）申请回避的权利。《行政诉讼法》第五十五条第一款规定，当事人认为审判人员与本案有利害关系或者有其他关系可能影响公正审判，有权申请审判人员回避。

（11）申请停止被诉行政行为执行或者申请先予执行的权利。《行政诉讼法》第五十六条规定，诉讼期间，不停止行政行为的执行。但经当事人申请，可以由法院裁定停止执行。该法

第五十七条规定，对部分权利义务关系明确、不先予执行将严重影响原告生活的，可以根据原告的申请，裁定先予执行。

（12）申请撤诉的权利。《行政诉讼法》第六十二条规定，人民法院对行政案件宣告判决或者裁定前，原告申请撤诉的，或者被告改变其所作的行政行为，原告同意并申请撤诉的，是否准许，由人民法院裁定。

（13）获取诉讼资料和必要信息的权利。《行政诉讼法》第六十七条规定，人民法院应当在立案之日起 5 日内，将起诉状副本发送被告。被告应当在收到起诉状副本之日起 15 日内向人民法院提交作出行政行为的证据和所依据的规范性文件，并提出答辩状。人民法院应当在收到答辩状之日起 5 日内，将答辩状副本发送原告。

（14）提出上诉的权利。《行政诉讼法》第八十五条规定，当事人不服人民法院第一审判决的，有权在判决书送达之日起 15 日内向上一级人民法院提起上诉。当事人不服人民法院第一审裁定的，有权在裁定书送达之日起 10 日内向上一级人民法院提起上诉。

（15）申请再审的权利。《行政诉讼法》第九十条规定，当事人对已经发生法律效力的判决、裁定，认为确有错误的，可以向上一级人民法院申请再审，但判决、裁定不停止执行。

（16）向人民法院申请执行的权利。《行政诉讼法》第九十五条、第九十七条规定，公民、法人或者其他组织拒绝履行判决、裁定、调解书的，或者对行政行为在法定期限内不提起诉讼又不履行的，行政机关或第三人可以向第一审人民法院申请强制执行，或者由行政机关依法强制执行。

45 行政机关可以做行政诉讼原告吗?

行政诉讼的特征就是“民告官”，在诉讼中，被告恒定为行政机关是行政诉讼的重大特征之一，所以行政机关在行政诉讼中不可能成为原告。当然，如果行政机关作为民事法律关系的主体，和其他民事主体产生纠纷，行政机关可能成为民事诉讼的原告，但肯定不可能成为行政诉讼中的原告。

首先，从行政诉讼的定义来看，行政机关不可能成为行政诉讼的原告。根据《行政诉讼法》第一条、第二条的相关规定，行政诉讼是指公民、法人或者其他组织认为行使国家行政权的机关和组织及其工作人员所实施的具体行政行为，侵犯了其合法权利，依法向人民法院起诉，人民法院在当事人及其他诉讼参与人的参加下，依法对被诉具体行政行为进行审查并作出裁判，从而解决行政争议的制度。因此，《行政诉讼法》没有赋予行政机关可以当原告的诉讼权利。

其次，从行政诉讼的标的、对象和受案范围来看，行政机关也不可能成为原告。《行政诉讼法》第十二条规定：“人民法院受理公民、法人或者其他组织提起的下列诉讼：（一）对行政拘留、暂扣或者吊销许可证和执照、责令停产停业、没收违法所得、没收非法财物、罚款、警告等行政处罚不服的……”行政诉讼中的被诉行政行为不可能针对另一行政机关作出，行政机关也就不存在需要作为原告提起行政诉讼的可能。

最后，即使在执法实践中出现一个行政机关针对另一行政机关作出了相应行政行为的情况，不同行政机关可以通过共同的上级主管部门协调解决，而不需要通过诉讼的途径解决。所以行政机关也不能作为原告起诉另一行政机关。

46 行政机关可以提起反诉吗?

行政机关经常会感到困惑，行政相对人可以起诉行政机关，那行政机关可以提出反诉，对行政相对人提起诉讼吗？在行政协议类案件中，协议双方处于平等的地位，平等协商达成协议，双方理应享有平等的救济权。作为公民、法人或其他组织的原告可以起诉行政机关，行政机关应当也有权起诉作为原告的公民、法人或其他组织。但在行政诉讼中，行政机关在任何情况下，都是不可以提起反诉的，理由在于以下几点。

第一，行政机关实施行政管理，依法行使行政职权。行政职权具有强制力和执行力，行政机关需要行政相对人作为或者禁止某种行为时，行政机关可以通过行政行为，要求行政相对人必须按照行政行为的指引去做。所以行政机关不需要在诉讼中，通过提出诉讼请求的方式，要求原告承担行政责任。

第二，行政机关依法独立行使行政权，行政权力具有单方性和强制性，而且为了确保行政管理的效率，除了在可能对行政相对人合法权益产生重大影响的强制执行阶段，行政权可能需要借助于司法权实现行政法律关系的权利义务之外，绝大多数情况下，行政权都是直接采取行政管理措施，以实现行政管理的目的。因此，即便在行政协议的履行过程中，行政机关同样享有可以根据协议履行情况和管理的需要，单方采取合同解除或者变更的优益权，而无须通过反诉去实现管理的目的。最高人民法院《关于审理行政协议案件若干问题的规定》第六条明确规定："人民法院受理行政协议案件后，被告就该协议的订立、履行、变更、终止等提起反诉的，人民法院不予准许。"

第三，在行政诉讼法律关系中，虽然强调当事人的诉讼地位平等，但处于管理者和被管理者的地位，双方的地位是不平等的。行政机关可以在行政法律关系中通过单方、强制性的行政行为去实现管理目的，同样无须通过在诉讼中的反诉实现管理目的。

47 哪些情形下行政机关需要行使申请回避的权利？

在行政诉讼过程中，当事人有一项非常重要的权利——申请回避的权利。这一制度的设立目的在于防止徇私舞弊或发生偏见，使得案件能够公正审理。回避申请是保证公正审判的重要程序制度之一。行政机关作为诉讼当事人，同样享有申请回避的权利。

根据《行政诉讼法》第五十五条，结合《民事诉讼法》第四十七条以及最高人民法院《关于适用〈中华人民共和国民事诉讼法〉的解释》第四十三条、第四十四条的规定，与本案有利害关系或者有其他关系可能影响案件公正审判的，可以申请回避，包含但不限于以下情形：（1）是本案当事人或者当事人近亲属的；（2）本人或者其近亲属与本案有利害关系的；（3）担任过本案的证人、鉴定人、辩护人、诉讼代理人、翻译人员的；（4）是本案诉讼代理人近亲属的；（5）本人或者其近亲属持有本案非上市公司当事人的股份或者股权的；（6）与本案当事人或者诉讼代理人有其他利害关系，可能影响公正审理的；（7）接受本案当事人及其受托人宴请，或者参加由其支付费用的活动的；（8）索取、接受本案当事人及其受托人财物或者其他利益的；（9）违反规定会见本案当事人、诉讼代理人的；（10）为本案当事人推荐、介绍诉讼代理人，或者为律师、其他人员介绍代理本案的；（11）向本案当事人及其受托人借用款物的；（12）有其他不正当行为，可能影响公正审理的。

48 对驳回回避申请的决定不服时，如何救济？

回避作为人民法院诉讼程序中的一项重要制度，目的在于保障当事人在司法程序上得到公平救济的权利。当事人提出回避申请，有时可能被人民法院予以驳回，当事人对人民法院驳回回避申请的决定，可以通过哪些法定途径寻求救济呢？《行政诉讼法》第五十五条规定，当事人可以通过申请复议的途径得到救济。

《行政诉讼法》第五十五条第一款至第三款规定："当事人认为审判人员与本案有利害关系或者有其他关系可能影响公正审判，有权申请审判人员回避。审判人员认为自己与本案有利害关系或者有其他关系，应当申请回避。前两款规定，适用于书记员、翻译人员、鉴定人、勘验人。"该条前三款规定了当事人具有申请回避的权利，以及回避制度适用的对象范围。该法

第五十五条第四款规定：“院长担任审判长时的回避，由审判委员会决定；审判人员的回避，由院长决定；其他人员的回避，由审判长决定。当事人对决定不服的，可以申请复议一次。”该款规定了当事人对人民法院作出的回避决定不服的复议救济途径。根据该条规定，申请人收到回避决定后，可以向人民法院申请复议一次。

值得注意的是，自2017年《行政诉讼法》修订后，该法对当事人可以申请复议的次数作出明确的限制，仅能复议一次，而且只能向原法院申请复议，这样规定的目的主要在于防止当事人滥用申请回避的权利，恶意拖延诉讼。此外，《行政诉讼法司法解释》第七十四条还对不服回避决定如何申请复议及处理进行了细化规定，对申请人的复议申请，人民法院应当在3日内作出复议决定，并通知复议申请人。但复议期间，被申请回避的人员，不停止参与本案的工作。

第二章　证 据 准 备

一、行政诉讼证据

49 行政诉讼证据有哪些种类?

根据《行政诉讼法》第三十三条的规定，诉讼中的主要证据有以下几种。

（1）书证。书证是指以文字、符号所记录或表示的以证明待证事实的文书，如证明文书、往来书信、罚款单等。

（2）物证。物证是指用物品的外形、特征、质量等说明待证事实的一部分或全部的物品，如受污染的土壤、不符合质量标准的产品等。

（3）视听材料。视听资料是指用录音、录像的方法记录下来的有关案件的事实材料，如用录音机录制的音响、语言，用录像机录取的人物形象及其活动，用电子计算机储存的数据等。视听资料可以由当事人提供，人民法院也可以主动向有关单位和个人索取或复制。

（4）证人证言。证人证言是指证人以口头或书面方式向人民法院制作的对案件事实的陈述。除了精神或生理上有缺陷而不能正确表达意志的人和案件的诉讼代理人不能作为案件的证人外，任何公民和组织都有作证的义务。证人作证一般应亲自出庭，确有特殊情况不能到庭的，经人民法院许可后可以用书面证言的形式作证。

（5）当事人的陈述。当事人的陈述是指案件的直接利害关系人向人民法院提出的关于案件事实和证明这些事实情况的叙述。由于行政争议就是在当事人之间的争议，所以他们最了解争议的事实。当事人的陈述是查明案件事实的重要线索，应当加以重视。但是，由于行政争议直接涉及当事人双方的利害关系，所以人民法院对当事人的陈述应客观地对待，注意是否有片面和虚假的部分。当事人的陈述只有和案件的其他证据结合起来，综合研究审查，才能确定能否作为认定事实的依据。

（6）鉴定意见。鉴定意见是指人民法院指定的专门机关对行政案件中出现的专门性问题，通过技术鉴定作出的结论。由于行政案件涉及许多专业技术管理领域，所以鉴定结论是行政诉讼中运用极为广泛的一种证据，如测绘部门对违法用地的测绘报告、检测部门对土壤的鉴定报告等。

（7）勘验笔录、现场笔录。勘验笔录是指人民法院对能够证明案件事实的现场或者对不能、不便拿到人民法院的物证，就地进行分析、检验、勘查后作出的记录。它是客观事物的书面反映，是保全原始证据的一种证据形式。勘验笔录常常用于涉及房产、土地、山林、环保管理等方面的行政纠纷。现场笔录是指行政机关工作人员在现场当场实施行政处罚或其他处理决定所作的现场情况的笔录。

50 行政诉讼中的证据按照不同标准有哪些分类?

在理论研究上，行政诉讼证据可以按照不同的标准划分为不同类别，主要有以下几种分类。

（1）原始证据与传来证据。根据证据来源的不同，行政诉讼证据分为原始证据和传来证据。原始证据是指直接来源于案件事实而未经复制、转述等中间传播环节的证据，如原件、原物、证人证言。传来证据是指并非直接来源于案件事实，而是经过复制、转述等传播环节的证据，是从原始证据派生出来的证据，如复印件、复制品、证人转述他人所见所闻等。这两种证据的证明力的强弱是不同的，原始证据的证明力一般大于传来证据，因此在证据的收集中，我们应努力寻找、发现并尽可能地获得原始证据。

（2）直接证据与间接证据。根据证据与案件事实的证明关系的不同，行政诉讼证据可分为直接证据和间接证据。能够单独直接证明案件事实的证据是直接证据，例如能证明案件主要事实的证人证言、行政诉讼当事人的陈述、书证等证据材料。不能单独、直接证明待证事实，需与其他证据相结合才能证明待证事实的证据则是间接证据。一般而言，间接证据证明的是案件事实碎片，例如时间、地点、结果等单一的事实要素。因此，直接证据与间接证据的区别在于证据内容的完整性，直接证据无须借助其他证据，就可以直接证明案件的主要事实。在司法实践中，直接证据的证明力一般大于间接证据。

（3）本证与反证。此种证据分类的标准在于证据与证明责任之间的关系。本证是指能够证明当事人主张的事实存在的证据，即能支持诉讼一方的事实主张成立。反证是能够证明对方当事人主张的事实不存在的证据。需要注意的是，本证、反证与当事人的诉讼地位无关，这两种证据并不当然一一对应原告、被告。因为本证与反证的根本区别在于，当事人是在利用该证据肯定自己的主张所依据的事实，还是在否定对方。因此在案件中，也可能出现同一证据可能既是本证又是反证的情况。

（4）言词证据与实物证据。根据证据表现形式的不同，行政诉讼证据还可分为言词证据和实物证据。言词证据是指以人的陈述为存在和表现形式的证据，因而又称人证。实物证据是指以实物形态为存在和表现形式的证据，又称广义上的物证。言词证据的内容是陈述人直接或间接感知的与案件有关的事实。由于陈述人往往会在陈述时加入自己的主观感情色彩，因此言词证据的客观性较弱。实物证据则恰好相反，其最突出的特点是客观性、稳定性强，但缺点在于其反映的案件事实往往是片面的。

51 哪些属于法院不予采纳的非法证据？

行政诉讼非法证据是指由行政诉讼主体提供给法院，用来证明行政程序的合法性以及相关案件事实情况的证据材料中存在违法成分，不能作为定案依据的证据。最高人民法院《关于行政诉讼证据若干问题的规定》第五十五条对行政诉讼证据的合法性标准进行了明确，主要从 3 个方面来认定证据具有合法性：（1）证据的形式合法；（2）证据的取得程序或者取得方法合法；（3）没有违反法律的禁止性规定。只有同时具备上述 3 个要件的证据，才是合法证据；不符合上述条件的，即属于非法证据。

根据《行政诉讼法》和最高人民法院《关于行政诉讼证据若干问题的规定》的相关规定，判断非法证据的标准通常有两个：一是违反法律禁止性规定取得的证据；二是以严重侵害他人合法权益的方法取得的证据。基于这两个标准，最高人民法院《关于行政诉讼证据若干问题的规定》第五十七条还列举了 9 种具体的不能作为定案依据的非法证据，并且在第五十八条作了兜底的补充规定。在审判实践中，行政诉讼的非法证据主要有以下几种情形。

第一，收集或提供证据的主体不合法。主要表现为：一是不能正确表达意志的证人提供的证言（最高人民法院《关于行政诉讼证据若干问题的规定》第五十七条第八项）；二是不具有法定主体资格的人员所收集的证据；三是非有关专家或技术人员制作或非司法人员依法提供的鉴定结论等（最高人民法院《关于行政诉讼证据若干问题的规定》第六十二条第一项）。

第二，取证程序、方式不合法。这方面的非法证据主要表现为行政机关在行政程序中违反法定程序取得的，用以证明被诉具体行政行为合法性的证据（最高人民法院《关于行政诉讼证据若干问题的规定》第五十七条第一项至第三项，第六十二条第二项以及《行政诉讼法司法解释》第四十三条）。

第三，形式不合法的证据。主要包括：当事人无正当理由拒不提供原件、原物，又无其他证据佐证，且对方当事人不予认可的证据的复印件或复制品（最高人民法院《关于行政诉讼证据若干问题的规定》第五十七条第六项）；未依法办理公证、认证或其他证明手续的在中华人民共和国领域外形成的证据（最高人民法院《关于行政诉讼证据若干问题的规定》第五十七条第五项）；有关单位出具的未加盖单位公章的证据；被当事人或者其他人进行技术处理而无法辨明真伪的证据材料等（最高人民法院《关于行政诉讼证据若干问题的规定》第五十七条第七项）。

第四，其他违反行政诉讼规定的证据。这方面的证据主要是指行政主体不按照《行政诉讼法》相关规定提供的证据，或者是相对人（原告）及其他人提出的不具有关联性的证据。根据最高人民法院《关于行政诉讼证据若干问题的规定》第六十条以及《行政诉讼法》的规定，此类证据主要包括：被告在作出具体行政行为后或在诉讼过程中自行收集的证据；复议机关在复议程序中收集和补充的证据，或作出原具体行政行为的行政机关在复议程序中未向复议机关提交的证据；被告在行政程序中非法剥夺原告依法享有的陈述、申辩及听证权利所采用的证据；原告或第三人在诉讼程序中提供的，被告在行政程序中未作为具体行政行为依据的证据等。

52 行政诉讼的证明标准是怎样的?

行政诉讼中被告需要举证证明被诉行政行为的合法性，被告举证到何种程序才能达到证明被诉行政行为合法的程度呢?这就涉及行政诉讼的证明标准问题。证明标准是指举证责任人运用证据证明待证事实所要达到的程度，可以理解为负有举证责任的一方当事人对其主张的事实予以证明应达到的水平和程度。

我国现行《行政诉讼法》对于行政诉讼的证明标准未作出明确的规定，人民法院审查被诉行政行为的合法性，要求被诉行政行为事实清楚，适用法律正确，符合法定程序。但实际上根据被诉行政行为类型的不同，人民法院行政诉讼中针对不同案件会采用不同的证明标准。

行政诉讼中的一般证明标准采用明显证据优势的标准。明显优势证明标准是指诉讼一方当事人提交的证据明显比另外一方当事人有优势，法院会采纳诉讼当事人提交的具有明显优势的证据来认定案件事实。明显优势证据是对诉讼双方当事人提供的证据进行比较，其中任何一方都无法否定对方证据的情况下，法庭对双方当事人证据的证明效力进行比较和衡量后作出的选择。

在涉及财产权或者人身权的行政裁决案件中，法院会适用优势证明标准，这一证明标准也是民事诉讼证明标准中最常用的标准。优势证明标准是指在行政诉讼中，诉讼当事人一方提供的证据比另一方提供的证据更有说服力和证明力，证明的案件事实更有可能性，法庭就会采纳证明效力占优势的一方当事人提供的证据，作为认定案件事实的依据。行政机关作出行政裁决，实际上是行政机关处理民事纠纷的过程。行政裁决的对象是民事纠纷而非行政争议，所以法院采用接近于民事诉讼中采用的优势证明标准。

由于行政处罚类案件对当事人的人身权和财产权影响较大，法院适用的证明标准是排除合理怀疑的标准。排除合理怀疑是指案件主要事实均有相应的事实证明，而且证据之间及证据与案件事实之间没有矛盾，或者虽有矛盾但能够合理排除。正是因为行政处罚对当事人的权利义务影响重大，所以法院会采取非常严格的证明标准。排除合理怀疑接近于刑事诉讼证明标准。

行政机关在不同类型的案件中，应当把握和了解不同证明标准的内涵和要求，根据不同证明标准组织和提交相应的证据，才能得到法院的支持。

53 行政诉讼的举证责任和民事诉讼有何区别?

诉讼中的举证责任是指在诉讼过程中，当事人应当积极提交证据证明自己的主张，如果当事人所主张的事实不能被证据证实，负有举证责任的一方当事人将承担主张不能成立的后果，因此，举证责任总是和败诉风险紧密相连。

民事诉讼的举证责任采取“谁主张，谁举证”的原则，即任何一方诉讼当事人提出自己的诉讼主张，就有责任提交相应的证据证明自己的主张。民事诉讼中“谁主张，谁举证”的举证责任分配，对于双方当事人而言是平等适用的，任何一方均须遵循“谁主张，谁举证”的规则。

行政诉讼的举证责任采取主要由被告举证的原则。根据《行政诉讼法》第三十四条第一款“被告对作出的行政行为负有举证责任，应当提供作出该行政行为的证据和所依据的规范性文件”的规定，被告负有对被诉行政行为举证证明的义务。因为行政诉讼的主要诉讼标的就是被诉行政行为的合法性，所以被告实际上负担了行政诉讼中主要的、大部分的举证责任。当然，行政诉讼中由被告负主要举证责任，并不是说原告不需要负举证责任，根据最高人民法院《关于行政诉讼证据若干问题的规定》第四条、第五条的规定，原告对于起诉是否符合法定的起诉条件，起诉被告不作为案件中应当提供其在行政程序中曾经提出申请的事实，在行政赔偿诉讼中对被诉具体行政行为造成损害的事实等环节负有举证责任。

实际上，行政诉讼中由被告负主要举证责任的规定，仍旧是民事诉讼中“谁主张，谁举证”规定的体现。因为行政诉讼需要审查被诉行政行为的合法性，被告在诉讼中主张自己作出的行政行为合法，则需要承担相应的举证责任，这一举证责任的分配原则和“谁主张，谁举证”的举证责任分配原则并无二致。

二、行政主体方面的证据

54 如何举证证明被告具有相应的执法主体资格?

行政执法主体是指根据法律、法规和规章的规定，可以自己的名义对外作出具体行政行为，并且能独立承担由此产生的法律后果的行政组织。行政机关虽然作为行政执法权的主体，但法律要求法无授权不可为，不是所有行政机关都有执法主体资格，具备行政执法主体资格，要求具备相应的行政职能。

在日常的行政执法过程当中，各行政部门都有各自的分工，例如市场监督管理部门享有市场监管权限内的行政执法主体资格，国土行政管理部门享有土地资源行政管理权限内的行政执法主体资格，互不干涉。例如，《行政处罚法》第十七条“行政处罚由具有行政处罚权的行政机关在法定职权范围内实施”的规定要求执法主体具有执法权并且在法定职权范围内实施。因此，各执法领域的行政执法权力都来源于法律的授权。

行政执法的主体资格，必须是通过法律、法规的明确授权而取得的。行政机关和法律、法规授予行政执法权的组织有权以自己的名义作出具体行政行为，并承担相应的法律责任。同时，行政机关还可以依照法律、法规或规章的规定，在其法定权限内委托符合法定条件的组织以委托机关的名义行使相应的行政执法权，并由委托机关承担相应的法律责任。通常来说，以下 3 种情况可以认为具备执法主体资格。

第一，宪法、法律、法规和规章把某一行政职权直接赋予国家行政机关。例如对于土地类违法的处理，依据《土地管理法》第五条第二款“县级以上地方人民政府自然资源主管部门的设置及其职责，由省、自治区、直辖市人民政府根据国务院有关规定确定”、第六十七条第一款“县级以上人民政府自然资源主管部门对违反土地管理法律、法规的行为进行监督检查”，以及第六十八条“县级以上人民政府自然资源主管部门履行监督检查职责时，有权采取下列措施……”的规定，由自然资源主管部门进行处理，那么在举证时就应当明确行使职权是依据法律法规的哪些规定。

第二，法律、法规或规章授权的具有管理公共事务职能的组织。例如依据《行政处罚法》第二十四条第一款“省、自治区、直辖市根据当地实际情况，可以决定将基层管理迫切需要的县级人民政府部门的行政处罚权交由能够有效承接的乡镇人民政府、街道办事处行使，并定期组织评估。决定应当公布”的规定，将县级人民政府部门的行政处罚权交由乡镇人民政府、街道办事处行使，就是属于授权行为。此时在举证方面，应当提供授权的相关文件证明该组织具备行政执法主体资格。

第三，依法获得行政职权的行政机关，在法律、法规和规章允许的前提下，把自己职权中的行为权能（而不是行政权能）委托给具有管理公共事务职能的组织。委托关系不是经法律、法规、规章的设定或授权而成立，而是在具有法律依据的条件下，经过签订委托协议而成立。它必须以委托方的名义实施处罚权并将行为效果归属于委托行政机关。由此也决定了在行政诉讼中，由委托方行政机关作为被告，被委托的具有管理公共事务职能的组织不作为被告。

55 如何举证证明联合执法情形下的被告主体资格？

联合执法是指两个或两个以上行政执法机关，按照各自的职责，在实施行政执法时进行的联合行动。但因联合执法涉及多个行政机关的配合，有的联合执法行动可能需要经本级人民政府的批准，在不同情形下，联合执法的被告是否具备相应主体资格的问题非常重要，涉及联合执法的行为是否有效的问题。

首先，在两个以上机关联合执法的情形下，联合执法中的每一个行政机关必须自身有相应的执法资格，有处理联合执法管理事项的行政职权。行政机关在各自的管理领域，针对相应的社会事务实施相应的管理行为，行政机关即使参与联合执法，也应当举证证明自己具有处理联合执法中事项的相应的职能。因此联合执法中的行政机关需要提交可以证明自己职权依据的法律文件或者法条依据。

其次，联合执法中的多个行政机关经政府组织共同执法的，行政机关应当提交政府制订的联合执法方案，以及方案中要求不同行政机关分别承担各自职责的规定。此外，由政府出面组织的联合执法，通常政府应当作为被告出庭应诉，证明联合执法主体资格的证据材料一般由政府提交。

最后，联合执法中的行政机关是受其他行政机关委托参与联合执法的，根据行政委托的要求，受委托的行政机关应当以委托机关的名义参与联合执法，且执法的后果由委托机关承担。因此，在接受委托参与联合执法的情形下，实际上受托机关是不需要举证证明自己的执法主体资格的。但是，如果受托机关参与联合执法事项超出了委托的范围，仍需要自行承担责任，此时行政机关需要提交证据证明自己具有处理相应事项的行政职权的依据。

56 如何举证证明经授权情形下的被告主体资格？

授权性执法主体是指根据宪法和行政机关组织法以外的单行法律、法规及规章的授权规定而获得行政主体资格的组织。授权性执法主体，实际上属于职权性执法主体。相对于委托执法主体而言，接受委托的行政机关原本并不是处理受托事项的执法主体，只是经其他行政机关的委托处理相应的管理事项。需要说明的是，经授权的有权从事执法活动的组织，有时并不一定是行政机关，而可能是事业组织。例如，《行政处罚法》第十九条“法律、法规授权的具有管理公共事务职能的组织可以在法定授权范围内实施行政处罚”的规定，就明确了行政处罚中，相关法律、法规和规章可以授权行政机关以外的具有管理公共事务职能的组织作出行政处罚。

经授权的行政机关在诉讼中证明自己的被告主体资格，需要提交的证据是法律、法规或规章的授权。1990 年实施的《行政诉讼法》第二十五条第四款规定：“由法律、法规授权的组织所作的具体行政行为，该组织是被告。由行政机关委托的组织所作的具体行政行为，委托的行政机关是被告。”在该条款中，经授权取得行政执法资格，可以当被告的情形，仅限于法律法规授权的情形。但《行政诉讼法》第二条第二款规定：“前款所称行政行为，包括法律、法规、规章授权的组织作出的行政行为。”该条款实际上认可了经行政规章授权的机构同样属于适格的被告。因此，如果经授权的机构属于行政规章授权的情形，应当提交行政部门规章或者地方政府规章作为证明自己具有被告主体资格的证据。

57 如何举证证明行政委托情形下的被告主体资格？

行政委托是指行政机关委托其他组织以自己的名义从事相应的行政执法工作，所产生的法律效果由委托机关承担的执法形式。行政委托必须注意 3 个方面的问题：一是委托机关本身具有相应的处理对外委托事项的职权，才可以委托其他组织处理。如果委托机关自身并不具备处理某项事务的职权，不可以委托其他组织去处理，否则构成超越职权。二是受托机关必须以委托机关的名义对外执法，不能以自己的名义对外。三是受托机关处理相应事项所产生的法律后果，由委托机关承担，因此委托机关对受托机关处理受托事项具有一定的监督权。

行政委托中的受托组织必须具备一定的条件。《行政处罚法》第二十一条规定：“受委托组织必须符合以下条件：（一）依法成立并具有管理公共事务职能；（二）有熟悉有关法律、法规、规章和业务并取得行政执法资格的工作人员；（三）需要进行技术检查或者技术鉴定的，应当有条件组织进行相应的技术检查或者技术鉴定。”根据这一规定，行政机关委托受托组织从事执法工作，受托组织必须具备一定的能力或者资质，能够胜任处理委托事项的工作。

《行政处罚法》中规定的受托组织限定为“管理公共事务”的组织，是否包括行政机关，也就是说，行政机关是否可以委托另一行政机关处理受托事项呢？应该是可以的。因为行政机关作为专门的社会管理机构，相较于普通的管理公共事务的组织，更可能胜任受托处理行政管理事务的工作。

可见，在行政委托情形下，由于所产生的法律效果必须由委托机关承担，委托机关需要提交证明自身具有处理对外委托事项相应职权的材料，以及和受托机关签订的书面委托书、受托机关的相应资质等，以证明委托机关和受托机关均具备相应的资格，委托机关属于诉讼中的适格被告。

58 执法主体不明的情况下诉讼中如何确定被告？

行政诉讼的适格被告应当根据“谁行为，谁被告”的原则确定。在行政机关执法过程当中，通常作为行政行为的行政机关，以及不作为案件中负有行政职责的机关为行政诉讼中的被告。然而，现实中也存在一些特殊情形，无法确定实施具体行政行为的是何主体，因此无法直接适用该原则作出判断，导致在起诉时难以确定以谁作为被告，进而也会对管辖法院的确定等诉讼程序产生影响。这种情况下，法院可能通过个案审查，综合运用举证责任规则作出认定。

实践中，执法主体不明的情况常发生在房屋强拆纠纷中。《国有土地上房屋征收与补偿条例》第四条“市、县级人民政府负责本行政区域的房屋征收与补偿工作。市、县级人民政府确定的房屋征收部门（以下简称房屋征收部门）组织实施本行政区域的房屋征收与补偿工作。市、县级人民政府有关部门应当依照本条例的规定和本级人民政府规定的职责分工，互相配合，保障房屋征收与补偿工作的顺利进行”的规定，以及第五条“房屋征收部门可以委托房屋征收实施单位，承担房屋征收与补偿的具体工作，房屋征收实施单位不得以营利为目的。房屋征收部门对房屋征收实施单位在委托范围内实施的房屋征收与补偿行为负责监督，并对其行为后果承担法律责任”的规定，明确了市、县级人民政府及房屋征收部门、实施单位之间因房屋征收补偿工作产生的法律责任。因此，在涉及强拆主体不明，无法确定对强拆行为负责的主体的情况下，法官会根据日常生活经验法则、职权法定原则，合理推定先前作出相关行政行为的行政主体或强拆的受益行政主体为被告。多部门联合强拆的，由各部门作为共同被告。用地单位、拆迁公司等非行政主体实施强制拆除的，应当查明是否受行政机关委托实施相应行为。

例如，在某人诉市人民政府行政强拆一案中，市人民政府主张自己并非城中村改造房屋拆迁的具体实施部门，也从未实施拆除涉案房屋的行为，并非该案适格被告。最高人民法院对此认为，根据《土地管理法》《土地管理法实施条例》的规定，在集体土地征收过程中，有且仅有市、县级人民政府具有依法征收土地及其附属物的职权，发布公告亦是其履行职权的表现。

因而，在被拆除房屋位于市、县级人民政府确定的征收范围内的情况下，除非市、县级人民政府能够举证证明房屋确系在其不知情的情况下由其他主体违法强拆，人民法院可以依据上述法律规定，推定强制拆除行为系市、县级人民政府或其委托的主体实施。最终，市人民政府被推定为适格被告。

行政诉讼中确定被告，应当遵循“谁行为，谁被告”的基本原则。从以上案例可以看出，执法主体不明时，法院需要综合考量各种因素，根据日常生活经验法则，合理推定强拆实施主体与决定主体。对原告而言，适格的被告是应当承担责任的真正主体。对于行政机关而言，当其被推定为适格被告时，认为自身并非被告的，也可以提出相反证据举证证明。执法主体不明情况下被告资格的认定，无论对于原告还是法院，都是一项较为复杂的工作，需要综合案件具体情况予以认定。同时，确定适格被告也可以防止无辜的主体被要求承担责任，合法合理维护当事人的诉讼权利。

59 如何举证证明行政执法人员资格合法？

行政执法人员是指行政机关或者法律法规授权的主体内部，取得相应行政执法证件，在法定职权范围内从事行政执法活动的人员。行政执法人员并不完全等同于我们常说的行政机关工作人员，并非行政机关内部的所有工作人员都有权开展执法活动。行政执法人员必须通过行政执法资格认证并且取得行政执法证件，才有资格和权能在法定职权范围内执法。一名行政执法人员是否具有资格执法，在复议或者诉讼中如何证明呢？

根据《行政处罚法》第四十二条、第五十二条、第五十五条的规定，行政处罚应当由具有行政执法资格的执法人员实施。执法人员在当场作出行政处罚决定或者行政机关在调查或者进行检查时，应当向当事人或者有关人员出示执法证件。这说明执法人员必须持有合法有效的执法证件，才能进行执法活动。因此，实践中，原告可能会针对行政执法人员身份的合法性提出异议，行政机关则需举证证明行政执法人员资格合法。一般而言，在行政诉讼中，行政机关可以通过行政执法证件、调查记录、执法录像、送达回证等证据材料来证明执法人员具备执法资格并且在执法过程中依法出示了证件。

行政复议或者行政诉讼中，要求行政机关工作人员提交在执法过程中出示的执法资格证件佐证其有权执法，但实践中由于各种原因，行政机关可能无法提供个别执法人员的执法证件，此时应结合案情具体分析。如果是客观原因导致该执法人员没有及时取得或者更换执法证，行政机关应对此进行合理说明并提供证据证明。例如，在（2020）甘 07 行终 52 号案中，针对上诉人认为被上诉人在执法过程中执法人员少于 2 人，部分执法人员没有执法资格的问题，甘肃省张掖市中级人民法院认为，张掖市司法局对涉案执法人员执法证有效期推迟到新证颁发时间已出具相应的情况说明，且根据被上诉人提供的视听资料、立案审批表、询问笔录、送达回证、听证通知书等证据均可以证实在案件调查时均有 2 名执法人员并且其出示了执法证件。该案中法院最终判决驳回原告的诉讼请求。但如果个案中执法人员没有具备合法有效的执法证件，行政机关也无法进行合理说明，那么由该执法人员作出的行政处罚决定，可能会被认定为程序违法。例如，在（2019）湘 8603 行初 47 号案中，根据《湖南省行政程序规定》第六十六条的规定，行政机关执法人员在调查时，执法人员不得少于 2 人，并应当向当事人或者有关人员出示行政执法证件，在调查记录中予以记载。行政机关执法人员不出示行政执法证件的，当事人或者有关人员有权拒绝接受调查和提供证据。但该案中被告麻阳县公安局并没有向法院提交该案办案人员的行政执法证，不能证明参与该案的办案人员具有行政执法资格。因此最终判定被告麻阳县公安局在办理对陈某华治安管理行政处罚一案中程序违法。

行政机关工作人员证明行政执法人员资格合法，不仅要证明行政执法人员具有资格，而且要证明执法人员在行为过程中出示了相应执法证件。如果行政执法人员虽然具有执法资格，但在调查询问时未出示相关证件，也可能被法院认定为执法程序不规范。例如，在（2019）川 19 行终 4 号案中，上诉人李某伟提出被上诉人恩阳财政局对其进行调查询问时，调查人员未向其出示执法资格证件程序违法，法院查明，调查人员李某、王某香均持有执法资格证件，但是恩阳财政局对李某伟的调查询问记录确无向李某伟出示执法资格证件的记录，恩阳财政局的调查程序确有不当之处。

60 行政执法对执法人员的人数有何要求？

在行政执法过程中，不仅对于执法人员是否具备执法资格有要求，对执法人员的人数同样有相应要求。根据《行政处罚法》第四十二条“行政处罚应当由具有行政执法资格的执法人员实施。执法人员不得少于两人，法律另有规定的除外。执法人员应当文明执法，尊重和保护当事人合法权益”的规定，行政机关对违法行为进行调查或者检查时，执法人员不得少于两人，法律另有规定的除外。“两人执法”很有必要，执法人员之间有合作、有配合、有制约、有监督，特别是在面对当事人执法时，可以减少不必要的争议。要求执法人员两人以上，本质是为了保障公平执法，强化人权保护，展现良法善治。

我国自1996年制定《行政处罚法》时就已经明确规定“执法人员不得少于两人”，此后在2009年修正、2017年修正以及2021年修订过程当中，均保留了这一规定。然而2021年修订的《行政处罚法》与之前不同的是，以往对于行政执法人数的要求，在原《行政处罚法》第五章第二节一般程序中第三十七条第一款“行政机关在调查或者进行检查时，执法人员不得少于两人”予以规定，也就是说，简易程序下不需要两人执法，只有在一般程序中才需要两人执法。但2021年修订的《行政处罚法》将该条放置在一般规定中，根据第五章第一节一般规定第四十二条第一款“行政处罚应当由具有行政执法资格的执法人员实施。执法人员不得少于两人，法律另有规定的除外”的规定，执法时要求不少于两人，也就是说，按照该规定，现在不仅在一般程序中需要不少于两名执法人员，除法律另有规定，简易程序同样需要两名执法人员共同执法。

三、事实方面的证据

61 行政行为事实依据中的必要证据有哪些？

行政机关作出具体行政行为，须有法律依据及相应证据。根据《行政诉讼法》第三十四条“被告对作出的行政行为负有举证责任，应当提供作出该行政行为的证据和所依据的规范性文件。被告不提供或者无正当理由逾期提供证据，视为没有相应证据。但是，被诉行政行为涉及第三人合法权益，第三人提供证据的除外”的规定，在行政诉讼中，被告对其作出的具体行政行为承担举证责任。不提供或者无正当理由逾期提供的，应当认定该具体行政行为没有证据、依据。其中需要提交的必要证据包括作出该行政行为的证据以及相应规范性文件。其中行政行为所依据的事实证据是主要的证据种类。

行政机关提交作为行政行为所依据的事实依据，必须紧密结合所适用法律条款中对行政相对人行为模式的描述，全面精准提交能够证明行政相对人行为的证据材料。在关于授益性行政行为的诉讼中，行政机关需要提交证据证明，行政相对人有权获益以及可以获益的资格条件。例如，在不动产登记行政行为中，《不动产登记暂行条例》第十六条第一款规定：“申请人应当提交下列材料，并对申请材料的真实性负责：（一）登记申请书；（二）申请人、代理人身份证明材料、授权委托书；（三）相关的不动产权属来源证明材料、登记原因证明文件、不动产权属证书；（四）不动产界址、空间界限、面积等材料；（五）与他人利害关系的说明材料；（六）法律、行政法规以及本条例实施细则规定的其他材料。”行政机关在诉讼中需要提交登记申请书、申请人的身份材料、不动产的权属来源等材料作为必要证据，以证明申请人有权取得不动产权属凭证。在关于负担性行政行为的诉讼中，行政机关需要提交证据证明行政相对人存在法律条款中的违法行为模式，证明行政相对人存在违法行为的必要事实。例如，在违法建设的查处案件中，《城乡规划法》第六十四条规定：“未取得建设工程规划许可证或者未按照建设工程规划许可证的规定进行建设的，由县级以上地方人民政府城乡规划主管部门责令停止建设；尚可采取改正措施消除对规划实施的影响的，限期改正，处建设工程造价百分之五以上百分之十以下的罚款；无法采取改正措施消除影响的，限期拆除，不能拆除的，没收实物或者违法收入，可以并处建设工程造价百分之十以下的罚款。”行政机关查处当事人存在违法建设行为，需要提交证据证明的必要事实是，当事人未取得建设工程规划许可证，或者未按照建设工程规划许可证的规定进行建设。如果要对违法建设行为人选择适用罚款还是没收实物的处罚，还需要证明涉案违法建设是否可以采取改正措施消除对规划实施产生的不利影响的必要事实。

可见，行政行为所依据的事实证据中的必要证据，必须能够对应法律条款中对法律主体的行为模式描述的各个要素，而且不得遗漏，否则可能导致行政行为事实不清。

62 如何做到行政行为事实依据的全面举证？

行政机关在诉讼中，要对行政行为所依据的事实证据全面举证，不能遗漏。为了确保举证的全面性，行政机关针对案件事实方面的举证应当注意以下几点。

第一，行政机关不仅要把行政相对人在行政程序中提交的材料作为证据向法院提交，而且要把行政机关在执法过程中收集和调查的材料作为证据提交给法院。

第二，行政机关作出的行政行为涉及第三人的，行政机关还需要把第三人提交的证据材料向法院一并提交，其中行政机关支持或同意行政相对人还是第三人诉求的材料尤其重要。

第三，经复议程序维持的行政行为，复议机关在复议程序中收集的证据也需要向法院一并提交。根据《行政诉讼法司法解释》第一百三十五条第二款、第三款“作出原行政行为的行政机关和复议机关对原行政行为合法性共同承担举证责任，可以由其中一个机关实施举证行为。复议机关对复议决定的合法性承担举证责任。复议机关作共同被告的案件，复议机关在复议程序中依法收集和补充的证据，可以作为人民法院认定复议决定和原行政行为合法的依据”的规定，复议机关同样需要对原行政行为的合法性负举证责任，复议机关在复议期间收集和补充的证据同样需要向法院提交。

第四，在诉讼过程中，为了反驳原告或者第三人在行政程序中未提出过的理由，可以经人民法院的准许补充证据，行政机关应当积极提交相应的证据材料。

第五，行政机关在诉讼过程中，法院为了查明案件事实，可能除了需要被诉行政行为所依据的事实材料以外，还需要了解和被诉行政行为相关的其他背景材料或者关联行为的材料，行政机关应当根据法院的要求，及时提交相应的证据。

四、法律适用方面的证据

63 行政机关作为行政行为依据的法律规范有哪些？

行政机关作为行政行为的过程，就是行政机关实施行政管理的行政执法过程。行政机关作为行政行为依据的法律规范是否正确，属于行政行为是否合法的重要组成部分。

从法律规范的内容来看，行政机关作为行政行为所依据的法律规范可以分为行政实体法和行政程序法。行政实体法是规范行政机关职权的法律规范。行政程序法是规范行政机关如何行使职权的法律规范。当然，在具体的法律条文中，行政实体法和程序法并不是泾渭分明。我们经常会发现，一部法律中可能既有实体法性质的规范，也有程序法性质的规范。例如，《行政处罚法》就是一部行政实体法和程序法混合的典型的法律规范，其中既有行政处罚职权方面的规定，也有行政机关作出行政处罚时必须遵循的法定程序。

从法律规范所属的行政管理领域来看，行政机关作为行政行为所依据的法律规范可以分为行政征收、行政征用、行政许可、行政确认、行政处罚、行政强制、行政给付、行政奖励、行政裁决、行政赔偿等不同行政管理领域的法律规范。行政机关实施行政管理的领域非常广泛，目前行政机关的管理与公民的日常生活息息相关。但并不是所有的行政管理领域都已有相应的立法，因此，对于尚未制定法律规范的部分行政管理领域，行政机关在执法时可以参照立法比较成熟的管理领域的法律规范。例如，在行政给付领域，目前我国尚没有相关的法律规范，行政机关在撤销行政给付时，可以参照《行政许可法》第六十九条第四款“依照本条第一款的规定撤销行政许可，被许可人的合法权益受到损害的，行政机关应当依法给予赔偿……”的规定中有关信赖利益保护的原则作出处理。

从法律规范的效力位阶来看，行政机关作为行政行为所依据的法律规范可以区分为法律、行政法规、地方性法规、行政规章、地方政府规章、规范性文件等形式的法律规范。以法律规范的效力位阶为标准，对行政机关执法中适用的法律规范进行分类，在执法实践中具有实际意义。法律是指全国人大或全国人大常委会制定和修改的法律文件。行政法规是指国务院制定和修改的法律文件。地方性法规是指由省、自治区、直辖市的人民代表大会及其常务委员会制定和修改的法律文件。部门规章是指由国务院所属的各部、委员会根据法律和行政法规制定的规范性文件。地方政府规章是省、自治区、直辖市、设区的市、自治州的人民政府制定的法律文件。规范性文件是指行政机关制定的文件。对于不同效力位阶的法律规范，一般应当把握下位法不得违反上位法的原则。为了避免行政机关适用的法律规范和上位法存在抵触或冲突，行政机关应当尽可能适用位阶较高的法律规范。

64 人民法院如何审查行政行为的法律适用?

行政机关依法作出行政行为就是行政机关适用法律处理行政管理事务的过程。公民、法人或者其他组织对行政机关作出的行政行为不服，可以向行为机关的上级机关或者同级人民政府申请行政复议，或者向人民法院提起行政诉讼。行政机关适用法律处理行政管理事务，相较于人民法院行政诉讼，前者属于第一次法律适用，后者针对前者适用法律是否正确依法审查，其实属于第二次法律适用。第一次法律适用必须和第二次法律适用相对保持一致，才能确保行政机关作出的行政行为得到人民法院的认可。因此，行政机关为了确保适用法律正确，必须对人民法院如何审查行政行为的法律适用有充分的了解。

根据《行政诉讼法》第六十三条“人民法院审理行政案件，以法律和行政法规、地方性法规为依据。地方性法规适用于本行政区域内发生的行政案件。人民法院审理民族自治地方的行政案件，并以该民族自治地方的自治条例和单行条例为依据。人民法院审理行政案件，参照规章”的规定，以及《行政诉讼法司法解释》第一百条“人民法院审理行政案件，适用最高人民法院司法解释的，应当在裁判文书中援引。人民法院审理行政案件，可以在裁判文书中引用合法有效的规章及其他规范性文件”的规定，人民法院在行政诉讼中，对于不同位阶法律的适用方式是不同的。人民法院对于法律、行政法规、地方性法规可以直接适用；对于行政规章及规范性文件的适用，则需要考察规章及规范性文件是否合法有效。根据《行政诉讼法》第五十三条第一款“公民、法人或者其他组织认为行政行为所依据的国务院部门和地方人民政府及其部门制定的规范性文件不合法，在对行政行为提起诉讼时，可以一并请求对该规范性文件进行审查”的规定，《行政诉讼法》设置了规范性文件的附带审查机制，即行政诉讼原告可以在针对具体的行政行为提起诉讼的同时，一并提出对具体的行政行为所依据的规范性文件的合法性进行审查的请求。

另外，根据《行政诉讼法》第六条“人民法院审理行政案件，对行政行为是否合法进行审查”的规定，以及第七十七条第一款“行政处罚明显不当，或者其他行政行为涉及对款额的确定、认定确有错误的，人民法院可以判决变更”的规定，人民法院在行政诉讼中不仅审查行政行为的合法性，而且审查行政行为的合理性，因此，行政机关不仅应当提供证明被诉行政行为合法性的法律依据，而且应当提交可以证明被诉行政行为合理性的依据。

65 行政机关对于条款内容相同而位阶不同的法律规范需要一并提交吗？

立法机关在制定和修改不同位阶的法律规范时，为了确保立法的完整性，不可避免会出现内容相同的法律条款，即在制定或修改下位法时，根据立法的需要复制上位法的部分条款。行政机关在执法过程中，可能需要适用不同位阶的法律规范，当然会遇到上位法和下位法内容相同的条款，是否需要一并提交给法院的问题。

一般情况下，内容相同的法律条款无须向法院提交，避免提供的证据材料和法律规范繁多复杂。但存在下列情形时，尽管不同位阶的法律规范内容相同，仍需要一并提交给人民法院。

（1）根据《行政诉讼法》第六十七条第一款“人民法院应当在立案之日起五日内，将起诉状副本发送被告。被告应当在收到起诉状副本之日起十五日内向人民法院提交作出行政行为的证据和所依据的规范性文件，并提出答辩状。人民法院应当在收到答辩状之日起五日内，将答辩状副本发送原告”的规定，如果被告行政机关在作出行政行为时，在行政决定中一并适用和列举了内容相同的法律规范，则应当将其全部作为证据向人民法院提交。

（2）被告行政机关在作出行政行为时，对于内容相同的法律规范并未在行政决定中列举，但如果被告行政机关适用的法律规范为规章及规范性文件，为了补强规章及规范性文件的上位法依据，被告行政机关在答辩时可以将内容相同的上位法一并向人民法院提交。

（3）被告行政机关在作出行政行为时，并未列举内容相同的其他法律条款，但在诉讼中原告在起诉状中对此提出异议的，被告需要将内容相同的上位法和下位法依据一并提交，以增强答辩的反驳和说服效果。

66 行政机关执法涉及新旧法律规范更替时，如何适用？

行政机关在执法过程中，经常会遇到旧的法律规范修改或者废止，新的法律规范发布或者生效的情形。一般情况下，行政机关可以适用行政相对人行为时的法律规范，但如果行政相对人的行为存在持续状态，或者行政机关作出的管理行为刚好跨越了新旧法律规范更替的时间点，此时应当如何适用新旧法律规范，就成为一个比较复杂的问题。行政机关在执法中涉及新旧法律规范更替时如何适用法律，应当依据下列规则依法实施行政管理。

（1）适用当事人行为时的法律规范。根据“法不溯及既往”的法律适用原则，行政机关不能通过新的法律规范对当事人的行为作出评价。法律规范对社会和当事人的行为具有指引的作用，只有对外公布、为当事人所知悉的法律规范，才能成为指引当事人行为的准则，当事人对于违反该规范可能产生何种法律后果已有预期，行政机关才可以该法律规范对当事人的违法行为作出处理。因此，当事人的行为是在旧法实施阶段发生的，行政机关应当适用旧法的有关规定作出处理。如果当事人的行为发生在新法实施之后，行政机关应当适用新法的有关规定作出处理。当然，“法不溯及既往”属于一般的法律适用原则，存在例外情形。

（2）新旧法适用贯彻“实体从旧，程序从新”的原则。当行政机关作出行政行为的过程中，行政机关需要适用的法律规范恰逢新旧法的效力更替时，行政机关应当把握“实体从旧，程序从新”的法律适用原则。“实体从旧”是指在行政管理过程中，有关行政机关和行政相对人权利义务方面的法律规范，应当适用行为时的实体法律规范，实际上仍是“法不溯及既往”原则的体现。但行政机关如何运用行政职权的步骤方式及时限的规范，应当适用新法。这主要是考虑到新法生效后，行政机关作为行政行为的行政程序已经修改更新，相应的程序设置和人员调配已经就位。如果在个案中继续依照旧法中的程序实施管理，则可能造成混乱。另外，在理想状况下，有关行政程序方面的新旧法更替，新法更具有效率，所以适用新法中程序规范，能够更加有效地实施管理。

（3）新旧法的适用应当贯彻“从旧兼从轻”的原则。“从旧兼从轻”来源于刑法的罪刑法定原则，根据罪刑法定原则的要求，法律规范不得溯及既往，对于犯罪行为及其惩罚必须依据犯罪行为实施时的法律规范，一般不允许溯及既往，但如果新法上的规定更有利于当事人，则允许适用新法作出处理。《行政处罚法》第三十七条规定：“实施行政处罚，适用违法行为发生时的法律、法规、规章的规定。但是，作出行政处罚决定时，法律、法规、规章已被修改或者废止，且新的规定处罚较轻或者不认为是违法的，适用新的规定。”《行政处罚法》第三十七条的规定是“从旧兼从轻”法律适用原则的具体体现。

67 行政机关执法时适用规范性文件需要注意哪些事项？

规范性文件是指有权机关制定发布的，在一定范围内普遍适用，具有管理效能的文件。规范性文件的内涵有广义和狭义之分。广义的规范性文件包括法律、法规、规章和其他规范性文件。狭义的规范性文件专指除了法律、法规和规章以外的其他规范性文件。在行政诉讼中适用规范性文件的场合，一般仅从狭义上界定规范性文件的内容，有时也被称为“其他规范性文件”。

规范性文件相较于法律、法规和规章，具有以下几方面的特点：一是法律位阶效力较低。法律位阶的排列次序由高到低排，一般为法律、法规、规章、规范性文件。规范性文件属于法律效力最低的阶层。二是规范性文件的制定过程比较粗放。法律、法规及规章的制定程序及过程比较严格，一般需要经过多次会议讨论、征求各方意见、社会评估、公开发布等多个环节。规范性文件的制定程序则简化许多。当然，随着国家对规范性文件的制定和发布越来越重视，规范性文件的制定和发布程序也渐趋正规化。三是规范性文件容易和上位法产生冲突和抵触。行政机关规范性文件制定和发布的目的在于具体推进行政管理，提高行政管理的效率，可能会存在逸脱上位法的框架，出现部门保护及地方保护的倾向，和上位法产生抵触或冲突。

规范性文件的上述特征决定了行政机关在执法时适用规范性文件，需要注意以下几点：第一，行政机关在执法时适用规范性文件，必须适用已向社会公开的文件，而不能适用未向社会公开，仅作为内部执法指导的意见或文件。如果规范性文件未向社会公开，行政相对人不了解规范性文件的内容，也就无法要求行政相对人遵守规范性文件中设定的义务。第二，行政机关在执法时适用规范性文件，必须注意审查规范性文件的内容是否和上位法存在冲突或者抵触。如果存在冲突或者抵触，人民法院不能将其作为裁判的依据。第三，正是因为规范性文件可能因和上位法存在冲突或者抵触而不被司法裁判认可，所以，行政机关在执法时除了援引规范性文件之外，建议同时援引正式的法律法规或规章的相关规定，在规范性文件与上位法存在冲突或者抵触而不被司法裁判认可的情况下，行政行为仍可依托其他法律规范合法成立，避免因缺失适用法律被撤销或者确认违法。第四，根据《行政诉讼法》第五十三条第一款“公民、法人或者其他组织认为行政行为所依据的国务院部门和地方人民政府及其部门制定的规范性文件不合法，在对行政行为提起诉讼时，可以一并请求对该规范性文件进行审查”的规定，当前的行政诉讼制度允许原告对被告援引的规范性文件的合法性提出审查申请，所以行政机关在适用规范性文件时，应当有为规范性文件寻找合法性依据的意识，避免在规范性文件审查环节陷入被动。

68 行政机关制定的裁量基准文件需要在诉讼中向人民法院提交吗？

行政裁量权基准，也称行政裁量基准，是指行政机关结合本地区本部门行政管理实际，按照裁量涉及的不同事实和情节，对法律、法规、规章中的原则性规定或者具有一定弹性的执法权限、裁量幅度等内容进行细化量化，以特定形式向社会公布并施行的具体执法尺度和标准。由于法律法规的条款规定比较原则，往往仅规定了行为的范围、种类和幅度，赋予了行政机关一定的裁量余地。为了防止和控制行政机关滥用职权，为了防止作出的行政行为对行政相对人的权益影响畸轻畸重，必须为行政裁量权设定行政裁量权基准，从源头上加以防范。因此，行政裁量权基准文件是行政执法的重要依据。因此，如果行政机关在作为行政行为过程中需要适用裁量基准的文件，则应当向人民法院提交，以作为证明自由裁量权是否适当的依据。

在行政诉讼中，行政机关制定的裁量基准文件应当作为行政行为的依据提交，而不是作为证据提交。行政机关制定的裁量基准文件不是证据，而属于行为的依据。行政行为的依据和证据，二者不能混淆。在法律裁判上，通常会使用三段论演绎推理，大前提是法律规定，小前提是案件事实，结论是判决结果。行政执法中同样需要适用这一推理模式。行政机关制定的裁量基准文件作为行政执法幅度范围选择的标准，如果该基准文件合法有效，那么应当归入大前提，作为评价具体行政行为是否合法的依据。因此，作为行政执法依据的裁量权基准文件并不是用来证明事实的，而是用来对执法处罚行为幅度作出约束，以及在复议、诉讼中衡量处罚行为是否合法恰当，可见，行政裁量基准文件不能作为证据，也无法用“三性”来评价。既然裁量基准文件是规范性文件，属于行政依据之一，行政机关在行政诉讼中就应当及时向审判机关提交。但由于裁量基准文件不是证据，一般不应放在证据清单中，以免影响举证质证的效果和效率。行政机关在应诉时，可以整理作出行政行为所依据的法律、法规、规章和规范性文件等（具体到条款项）进行汇总，附在答辩状之后。

五、行政程序方面的证据

69 如何制作行政执法中的立案审批表?

行政执法活动中的立案审批表属于内部文书，作用是启动处罚程序。行政机关发现当事人存在违法行为，符合规定的行政执法立案条件的，应当根据调查取证材料，作出是否应当立案的意见，填写立案审批表，根据内部执法流程，呈报相应的有权机构或者主管领导作出是否立案的审批意见。

立案审批表应当包括：执法事项标题、案件名称（一般应当填写为“当事人姓名或名称+涉嫌违法行为性质+案”）、案号、案由、案件来源（应注明案件来源是监督检查发现、投诉举报、上级交办等）、当事人（行政相对人）基本情况（姓名或名称、身份证号码或统一社会信用代码或其他证件号码、民族、年龄、性别、住所、联系方式等）。

关于案由，若在填写时仅填“违法行为性质+案”，就漏掉了当事人。在“个人/个体工商户”“单位”栏，没有划掉和案件不相关的主体类型；没有严格对照营业执照填写当事人的全称（或者漏字错字）；没有详细区分自然人的身份证住址和实际住址等情形，都属于不规范的填写内容。

关于当事人，参照《民事诉讼法》及其司法解释的规定，个体工商户以营业执照上登记的经营者为当事人。有个体工商户字号的，以营业执照上登记的字号为当事人，但应同时注明该字号经营者的基本信息。个体工商户营业执照上登记的经营者与实际经营者不一致的，以登记的经营者和实际经营者为共同诉讼人；对分支机构的填写以设立该分支机构的法人为当事人。

关于当事人住所，参照《民法典》和最高人民法院《关于适用〈中华人民共和国民事诉讼法〉的解释》相关规定，自然人以户籍登记或者其他有效身份登记记载的居所为住所；经常居所与住所不一致的，经常居所视为住所，另有现住或没有经常居所的要另外填写现住所，有两个以上当事人的住所相同的，出于严谨，建议应当分别表述，不能简单只写“住所同上”；法人以其主要办事机构所在地为住所。法人组织以主要办事机构所在地为住所，公民的经常居住地是公民离开住所地至起诉时已连续居住一年以上的地方，但公民住院就医的地方除外。

立案审批表除了上述基本信息以外，还包括分案情简介、立案依据、承办机构意见和负责人审批等栏目。

关于案情简介，应注明涉嫌违法行为发生的时间、地点及情节的客观描述。换句话说，要简洁明了地记录如下内容：何时何人按照何种法律规范规定检查哪些内容，发现何人在何时涉嫌何种行为，依据何种规范该行为已符合立案条件，建议立案，并有经办人意见和签名。

立案依据可能成为下一步的执法依据，应当列明涉嫌违反的法律、法规、规章的具体内容，具体到条、款、项等。

关于承办机构意见和负责人签名，承办机构可以明确指定案件主办人和承办人。行政机关负责人审批意见并签名及签署日期。

70 立案审批的时间一定早于执法调查吗?

有人认为，行政机关应当先立案，然后才能够开展案件的调查工作，但实际上，立案审批的时间不一定早于执法调查。在行政执法活动中，在初步判断符合立案条件时才会填写立案审批表，也就是说，立案审批之前往往已经开展了初步的调查。

由于行政行为必须有事实依据，有的案件会在上级交办、其他部门转办、投诉检举人投诉检举的同时取得初步的证据，根据这些证据判断是否应当立案。但在行政机关主动履行监督执法职责的时候，也有可能在初步调查之后再办理立案审批手续。执法活动复杂多变，多种多样，立案审批的时间不一定早于执法调查，甚至事实简单可以依法适用简易程序的部分行政执法案件在初步调查时就已经完成了证据的收集（比如常见的交警执法），因此也会存在执法调查早于立案审批时间的情况，有合理的时间差是正常的。需要注意的是，基于合法行政、程序正当原则，立案审批是必须及时完成的程序，后续继续开展调查、证据保全、调查取证、作出处罚等行政执法程序原则上都以立案为前提。

由于行政机构改革、行政区划变更或者行政职权优化等，在立案过程中或立案之后，负责执法的行政机关可能产生变更，或者行政机关之间可能依法进行转办、交办。这类情况相对不复杂，对于本机关来说，一般情况下是将案件直接由变更后的行政机关承接负责，不需要重新立案，变更后的行政机关可以直接接收此前的执法调查成果，在此基础上继续由本机关进行调查和执法，机关另外要求或有专门规定的除外。

在此可以延伸出行政和刑事程序衔接的问题。违法行为比较严重，可能涉及犯罪的，可能需要行政机关将案件转交有权处理的其他机关，或者有权机关需要中止或终止旧程序，启动新程序，此时就会涉及行政程序和刑事程序的衔接，情况会相对复杂一些，一些部门，比如公安部出台了《公安机关办理行政案件程序规定》，对此进行规范，但目前法律对行政、刑事程序之间衔接的规定仍有继续完善的空间。立案后发现违法行为可能构成犯罪的，根据国务院《行政执法机关移送涉嫌犯罪案件的规定》第三条至第十三条的规定，行政机关必须将涉嫌犯罪的案件向公安机关进行移送，不能用行政处罚代替移送，如果公安机关决定立案，行政机关一般应当自接到立案通知书之日起3 日内将涉案物品以及与案件有关的其他材料移交公安机关，并办结交接手续，这是行政程序转刑事程序的衔接。公安机关接到案件审查后认为不构成犯罪，但需要进行行政处理的，也要依法移送给有权行政机关，行政机关应依法作出处理，此时是否需要在行政程序上重新立案，目前法律没有明确规定，但基于程序正当原则，根据《行政处罚法》第五十四条的规定，行政处罚必须及时立案，如果从公安机关处接收案件前未立案，则必须完成立案审批，否则行政机关的处罚违法，这是刑事程序转行政程序的衔接，在这种情况下，行政机关还应该向公安机关确认刑事程序已经终结，否则在刑事案件没有明确终止时行政机关就作出行政处罚，仍然是程序违法的。

71 如何制作行政处罚陈述申辩权利告知书？

根据《行政处罚法》第七条第一款“公民、法人或者其他组织对行政机关所给予的行政处罚，享有陈述权、申辩权；对行政处罚不服的，有权依法申请行政复议或者提起行政诉讼”的规定，行政机关作出行政处罚时，必须保障行政相对人的陈述申辩权，那么行政机关制作一份符合法律规定的行政处罚陈述申辩权利告知书，是保障行政相对人程序权利的重要环节。

行政机关在行政处罚过程中作出陈述申辩权利告知书，作出的时机应当在准备作出的行政处罚罚种和具体幅度已经内部法制审核和集体讨论程序讨论确定后，行政处罚决定书作出之前，及时向行政相对人发送陈述申辩权利告知书。如果拟作出的行政处罚罚种的具体幅度尚未经内部程序讨论确定，此时告知行政相对人的拟作出的行政处罚不是内部讨论阶段的最终结论，尚存在改变的可能，行政相对人针对告知内容作出的陈述申辩是没有意义的，此时的告知无法对行政相对人的程序权利起到有效的保障作用。只有拟作出的行政处罚罚种和幅度已经内部讨论程序确定，行政相对人的陈述申辩才具有针对性。

根据《行政处罚法》第四十四条“行政机关在作出行政处罚决定之前，应当告知当事人拟作出的行政处罚内容及事实、理由、依据，并告知当事人依法享有的陈述、申辩、要求听证等权利”的规定，行政处罚陈述申辩权利告知书的具体内容应当包括拟作出行政处罚的内容、事实、理由及依据，以及陈述申辩权利。也就是说，行政处罚陈述申辩权利告知书的主要目的是告知陈述申辩权，但行政相对人要想有针对性地行使自己的陈述申辩权利，必须对行政机关拟作出的行政处罚决定的内容有充分的事先了解。其中必须告知的行政处罚的内容包括具体的罚种和具体的裁量幅度。行政机关在执法实践中，不能避重就轻，告知的内容有意模糊不清，影响行政相对人依法行使陈述申辩权。例如，在告知书中仅告知拟作出罚款的处罚，但未告知具体的罚款数额，或者仅告知拟作出拘留的处罚，但未告知具体的天数。行政处罚陈述申辩权利告知书的告知内容明确充分，确保行政相对人对拟作出的行政处罚内容有充分的了解，才能够提出有针对性的反驳意见，同时促使行政机关作出的行政处罚趋于正确合法。

需要重点强调的是，行政处罚陈述申辩权利告知环节是行政处罚的重要步骤，除了适用简易程序作出处罚以外，必须采用书面的形式，依法送达给行政相对人，并且保留送达的材料，以作为复议或诉讼中已经依法保障行政相对人陈述申辩权的证据。

72 行政处罚陈述申辩权利告知书中告知拟作出的处罚和行政处罚决定书的结果必须一致吗？

行政机关作出行政处罚陈述申辩权利告知书后，既存在自己单方调整拟作出行政处罚的内容的可能，也可能出现听取行政相对人的陈述申辩意见后，认为拟作出的行政处罚内容存在调整必要的可能，这就可能存在一个问题，即行政处罚陈述申辩权利告知书告知行政相对人拟作出的处罚内容，和最终作出的行政处罚决定书的结果是否必须一致？这一问题需要具体情况具体分析。

首先，根据《行政处罚法》第六十二条“行政机关及其执法人员在作出行政处罚决定之前，未依照本法第四十四条、第四十五条的规定向当事人告知拟作出的行政处罚内容及事实、理由、依据，或者拒绝听取当事人的陈述、申辩，不得作出行政处罚决定；当事人明确放弃陈述或者申辩权利的除外”的规定，行政机关在作出行政处罚之前，是否听取行政相对人陈述申辩意见，决定了行政机关是否可以作出行政处罚。如果行政机关在告知陈述申辩权利的环节，告知的拟作出的处罚内容和最终作出的行政处罚内容不一致，也就是说，从形式上看，行政机关已经履行了陈述申辩权利告知环节，但告知的内容和正式确定的处罚内容存在差异，这就导致行政相对人针对拟作出的行政处罚的内容作出的陈述申辩，实际上属于无的放矢，客观上无法发挥作用。因此，在一般情况下，行政处罚陈述申辩权利告知书中告知的拟作出的行政处罚内容，需要和最终行政处罚决定书中的处罚内容保持一致。

其次，例外情况下，的确可能出现行政处罚陈述申辩权利告知书中告知的拟作出的行政处罚的内容，和最终作出的行政处罚决定书的内容存在不一致的情形。在行政执法实践中，有时会出现行政机关在听取行政相对人的陈述申辩意见后，需要对原来拟作出的行政处罚罚种和幅度进行调整。一经调整，的确会出现事先告知内容和最终的处罚决定内容不一致的情形。

但是需要强调，根据行政正当程序原则，行政机关在原拟定的行政处罚罚种和幅度的基础上准备调整加重的，应当再次制作陈述申辩权利告知书，再次听取行政相对人的意见，确保陈述申辩权利告知书中告知的拟作出处罚的内容和最终的行政处罚决定内容保持一致。在原拟定的行政处罚罚种和幅度的基础上准备调整减轻的，可以不再重复制作陈述申辩权利告知书，行政机关最终作出的行政处罚决定相较于原告知的拟处罚内容虽然不一致，但属于对行政相对人的权益影响程度减轻，该情形下的不一致，并未影响行政相对人的程序权益，应当属于合法的调整。如果机械强调必须再次告知，则可能影响行政管理的效率，耗费行政管理资源。

最后，根据《行政处罚法》第四十五条第二款“行政机关不得因当事人陈述、申辩而给予更重的处罚”的规定，行政机关在听取行政相对人的陈述申辩意见后，除非案件的事实认定和证据材料出现重大变化，否则不得在已告知拟作出处罚内容的基础上调整加重，也就是说，即便听取了行政相对人的陈述申辩意见，调整加重原拟作出的处罚的情形也应当尽量避免，以确保二者的内容保持一致。

73 行政机关应当如何处理当事人提出的陈述申辩意见？

《行政处罚法》第四十五条第一款规定：“当事人有权进行陈述和申辩。行政机关必须充分听取当事人的意见，对当事人提出的事实、理由和证据，应当进行复核；当事人提出的事实、理由或者证据成立的，行政机关应当采纳。”《行政处罚法》的这一规定，目的在于避免陈述申辩程序在行政执法实践中流于形式，无法发挥实质性作用。依据上述规定，行政机关收到当事人的陈述申辩意见后，应当针对当事人提出的事实、理由和证据认真复核，并且决定是否予以采纳。行政机关在复核时，应当注意以下几点。

首先，行政机关对于当事人提出的事实、理由和证据应当客观对待。当事人陈述申辩的时机，也是行政机关进一步发现案件证据，确保拟作出的行政决定更趋于合法化的机会。行政机关在前期调查阶段，仍可能存在未能穷尽案件事实证据的情形。听取当事人陈述申辩意见，能够进一步发现事实真相，增强判断的正确性。行政机关不能因为当事人启动陈述申辩意见的程序，作出对当事人更为不利的行政处罚。

其次，行政机关听取当事人的陈述申辩意见后，发现拟作出的行政处罚过重，或者根据当事人陈述申辩提供的事实理由和案件事实，发现遗漏了可以从轻减轻处罚情形的，应当在拟作出的行政处罚的基础上予以减轻或者从轻处罚。如果发现当事人提交的事实理由或证据材料不能成立，并不能产生改变原已认定案件事实的效果，则可以维持拟处理结果。发现需要在拟作出的处罚的基础上新增可能加重处罚的事实理由和案件事实的，需要在重新调查的基础上，拟定新的处罚后，再次听取当事人的陈述申辩意见。

最后，行政机关听取当事人陈述申辩意见的环节，和其他负责人集体讨论、法制审核等环节如何具体安排，并无相关的法律规定。根据行政处罚在行政机关内部决策的一般流程，在听取当事人陈述申辩意见的环节之前，行政机关内部一般已经履行了内部集体讨论、法制审核的步骤。经过听取陈述申辩意见环节后，原拟定的行政处罚罚种和幅度需要作出调整的，需要重新履行负责人集体讨论和法制审核的步骤。当然，负责人集体讨论和内部法制审核毕竟只是行政机关的内部决策程序，不同行政机关的内部决策流程可能存在差异，但听取当事人陈述申辩意见并认真分析判断属于必须履行的程序环节。

74 行政处罚中哪些情形需要告知当事人听证的权利？

听证是指行政机关在作出行政行为过程中，通过召开听证会的方式，听取当事人针对行政机关拟作出行政处罚意见的制度。行政处罚中的听证是听取行政处罚相对人意见的一种正式的方式，是行政正当程序的要求。《行政处罚法》第六十三条第一款规定："行政机关拟作出下列行政处罚决定，应当告知当事人有要求听证的权利，当事人要求听证的，行政机关应当组织听证：（一）较大数额罚款；（二）没收较大数额违法所得、没收较大价值非法财物；（三）降低资质等级、吊销许可证件；（四）责令停产停业、责令关闭、限制从业；（五）其他较重的行政处罚；（六）法律、法规、规章规定的其他情形。"适用《行政处罚法》上述条款中有关听证权利告知的情形，需要注意以下几点。

一是符合法定必须告知听证权利的情形，行政机关未告知当事人听证权利的构成行政违法，行政机关作出的行政行为一旦涉及复议或者诉讼，行政机关可能面临败诉的风险。行政机关作出对当事人不利的行政决定前，必须听取当事人的意见，这是正当程序的基本要求。行政行为违背行政正当程序，属于重大违法，而不只是程序瑕疵。

二是行政机关告知当事人听证的权利后，当事人可以在3天内提出听证申请。在执法实践中，有时当事人会在收到听证通知时当即表示放弃听证权利，但随后又可能在限定的时间内提出听证申请。这种情况下，行政机关仍应当在收到当事人提出的听证申请后举行听证。因此，即使当事人当场表示放弃听证权利，建议行政机关仍等待限定的时间申请期限届满后，再行作出正式的行政处罚决定。

三是《行政处罚法》第六十三条中规定的应当告知听证权利的情形，并不限于上述条款中规定的情形。例外情形下，行政机关作出的行政处罚如果对当事人的权利义务影响非常重大，人民法院在裁判中仍可能要求行政机关须履行听证的程序义务。例如，对于行政拘留是否应当听证的问题，已有部分人民法院的裁判给予了肯定。因此，行政机关除了应当熟悉《行政处罚法》的相关规定外，还需要及时关注人民法院司法裁判和相关司法政策的倾向和变化。

75 如何制作行政听证告知书？

行政听证告知书是指行政机关决定组织听证时向当事人发出的书面通知。行政听证告知书必须采取书面的形式，以免当事人在复议或者诉讼中对于是否向其送达过行政听证告知书提出异议，行政机关可以举证证明已经履行告知义务。

行政机关制作行政听证告知书，应当注意以下几点。

首先，行政听证告知书一般包含以下内容：文号；案号；当事人（姓名/名称、性别、住址，法人或其他组织的写单位全称），听证时间（具体到年、月、日、时、分）；听证地点（包括举行听证会场所的地址和具体处所）；听证方式（公开听证或不公开听证的方式，如不公开听证应注明原因，按照《行政处罚法》第六十四条第三项的规定，除涉及国家秘密、商业秘密或者个人隐私外，听证公开举行）；听证组成人员姓名（听证主持人、听证员和书记员的姓名，如当事人认为听证人员与本案有直接利害关系的有权申请回避；行政机关决定回避的，应当对之前的调查行为是否有效一并决定，决定回避前，被要求回避的承办人员不停止对案件的调查）；告知当事人有关权利和事项（当事人可以自己参加听证，也可以委托一至两人代理并出具委托书），并告知不按时出席的视为放弃听证；听证程序有关联系方式，如负责组织听证的行政机关及联系工作人员的名称/姓名、联系地址、电话；日期和落款盖章。

其次，行政机关在听证通知书中告知当事人拟作出的行政处罚的罚种和幅度，一方面，要结合适用的法律条款的规定；另一方面，适用了行政处罚裁量基准法律文件的，也应当一并列举。

最后，行政机关在听证后正式作出的行政处罚的罚种和幅度，不得超过或重于听证告知书中告知的行政处罚罚种和幅度。行政机关经过听证后发现新的违法事实或违法行为需要增加罚种或者提高幅度的，应当重新发出听证通知书，再次举行听证。

如果经过听证后发现拟作出的行政处罚罚种和幅度可以减少或者降低，则无须再次举行听证。

另外，听证告知书页面的下半部分可以制作送达回证或回执。当然送达回证或回执也可以单独制作。但需要注意，不论当事人是申请听证或放弃听证，均应取得当事人的签名或盖章确认。

76 行政处罚法制审核适用于哪些情形？

党的十八届四中全会提出了严格执行重大执法决定法制审核制度，这是法制审核制度在相关文件中首次出现。2018 年 1 月 1 日实施的《行政处罚法》第三十八条第三款增加了关于法制审核及相关人员资格的规定，即“在行政机关负责人作出决定之前，应当由从事行政处罚决定审核的人员进行审核。行政机关中初次从事行政处罚决定审核的人员，应当通过国家统一法律职业资格考试取得法律职业资格”。

2018 年 12 月 5 日，国务院办公厅发布《关于全面推行行政执法公示制度执法全过程记录制度重大执法决定法制审核制度的指导意见》，该意见要求各级行政执法机关要明确具体负责本单位重大执法决定法制审核的工作机构，确保法制审核工作有机构承担、有专人负责。加强法制审核队伍的正规化、专业化、职业化建设，把政治素质高、业务能力强、具有法律专业背景的人员调整充实到法制审核岗位，配强工作力量，使法制审核人员的配置与形势任务相适应，原则上各级行政执法机关的法制审核人员不少于本单位执法人员总数的5%。要充分发挥法律顾问、公职律师在法制审核工作中的作用，特别是针对基层存在的法制审核专业人员数量不足、分布不均等问题，探索建立健全本系统内法律顾问、公职律师统筹调用机制，实现法律专业人才资源共享。

2021年7月15日施行的《行政处罚法》继续沿用了2018年实施行政处罚应当履行法制审核程序的相关规定，而且修改的内容更具有可操作性。2021年公布实施的《行政处罚法》第五十八条规定，在行政机关负责人作出行政处罚的决定之前，应当由从事行政处罚决定法制审核的人员进行法制审核；未经法制审核或者审核未通过的，不得作出决定。须经法制审核的具体情形包括：（1）涉及重大公共利益的；（2）直接关系当事人或者第三人重大权益，经过听证程序的；（3）案件情况疑难复杂、涉及多个法律关系的；（4）法律、法规规定应当进行法制审核的其他情形。

事实上，行政执法的过程，就是行政机关执行法律规范，具体处理行政管理事务的过程，在行政机关作出行政处罚前的内部决策环节，行政处罚的每一个步骤都必须确保合法合理。因此，行政处罚法制审核的环节实际上在已经融入每一次行政处罚之中，只是审核的形式有时并不一定需要正式的书面审核以及出具审核意见。

77 如何协调行政处罚的法制审核和负责人集体讨论机制？

行政处罚的法制审核是重大复杂案件作出行政处罚决定前的必经程序，依法应当经过法制审核而未经审核程序作出的行政处罚决定属于违法处罚。行政机关首长负责制是指各级政府及其部门的首长在民主讨论的基础上，对本行政组织所管辖的重要事务具有最后决策权，并对此全面负责。在行政处罚内部决策过程中，有时会出现法制审核人员的审核意见和行政机关负责人集体讨论的意见不一致的情形。

行政处罚决定法制审核是确保行政执法机关作出的行政处罚决定合法有效的关键环节。《行政处罚法》第五十八条明确规定应当进行法制审核的情形，而且同时强调了未经法制审核或者审核未通过的，不得作出决定。可见，行政处罚的法制审核只是行政处罚作出过程中的中间环节，而且法制审核的主要任务在于审查拟作出的行政处罚认定事实是否清楚、适用法律是否正确、是否符合法定程序等内容。法制审核的重点可能在于对拟作出行政处罚的合法性及合理性的审核。负责人集体讨论环节需要行政机关负责人解决的问题可就复杂得多。负责人集体讨论环节除了需要针对拟作出行政行为的合法性和合理性进行评议外，还需要对拟作出行政处罚可能产生的社会影响、舆论导向、执法效果等因素一并作出考量。另外，拟作出的行政处罚是否和本机关的执法惯例、执法倾向一致，是否存在同案不同处理的情形等因素，都需要在集体讨论时集思广益，进一步提高行政处罚的合法性和科学性。因此，行政机关负责人集体讨论的内容，相较于法制审核需要把关的内容更为复杂，当两种机制得出的结论不一致时，当然应当遵从负责人集体讨论的意见。

另外，行政机关采取首长负责制，由行政首长对本机关管辖的事务负全面责任，从这一角度来看，当法制审核岗位的意见和负责人集体讨论的意见不一致时，亦应当以负责人集体讨论的意见为准，这样能够充分贯彻“谁执法，谁负责”的根本原则。

当然，在行政机关内部，法制审核岗位的法制审核意见和负责人集体讨论的意见即使存在冲突，也并不会过于显露，有时行政机关负责人会要求法制审核部门再次进行审核，这可能是双方观点不一致时的缓冲。

78 如何举证证明已经过行政机关负责人集体讨论程序?

根据《行政处罚法》第五十七条的规定，在对情节复杂或者重大违法行为给予行政处罚时，行政机关负责人应当集体讨论决定。此条说明，在法定情形下，行政机关负责人集体讨论决定是必经程序，是判断行政处罚行为程序是否合法的重要因素。在实践中，行政机关依法履行集体讨论决定程序，应制作合法有效的集体讨论笔录。因此，如果涉及行政复议或者诉讼，行政机关应当将集体讨论笔录作为证据之一主动提交给复议机关或法院审查。

集体讨论笔录是证明行政机关负责人集体讨论程序的关键

证据，同时也是法院审查判断相关行政处罚决定是否合法的依据之一。结合《行政诉讼法》第三十四条和最高人民法院《关于行政诉讼证据若干问题的规定》第一条的规定，行政机关未提供或者逾期提供，即未在收到起诉状副本之日起的10日内提交证据或依法向人民法院申请延期提交证据的，视为没有证据证明已经经过集体讨论决定程序。因此，在诉讼中，行政机关应及时提交集体讨论笔录或者其他可以证明经过集体讨论程序的证据，如果未及时提交，可能会导致行政行为被判决违法。例如，在郭某胜诉河南省卫辉市国土资源局行政处罚案中，郭某胜因在未办理土地使用手续的情况下建造养殖场一处，被河南省卫辉市国土资源局作出行政处罚。该处罚要求原告拆除在非法占用的220.50平方米土地上新建的建筑物，恢复土地原状，并处罚款4410元。该案法院认为，根据《行政处罚法》等规定，被告对原告作出限期拆除建筑物即较重的行政处罚决定之前，应当经过本单位领导集体讨论决定，但是被告未提供其对原告作出的处罚决定经过了本单位领导集体讨论决定的证据。因此，被告对原告作出的处罚决定主要证据不足，不符合法定程序，处罚决定依法应予撤销，并由被告重新作出处理。

此外，行政机关集体讨论程序中的参加人员信息不适宜公开的，法院一般允许行政机关对负责人集体讨论笔录中的参会人员的人身信息进行适当的隐名处理，便于复议和诉讼审理。但需要注意的是，行政机关做隐名处理时不得篡改笔录内容，否则可能涉嫌《刑法》第三百零五条至第三百零七条规定的妨害司法罪。

79 行政机关履行负责人集体讨论程序应当注意哪些问题?

根据《行政处罚法》第五十七条的规定，在对情节复杂或者重大违法行为给予行政处罚时，行政机关负责人应当集体讨论决定。作为一种集体意志的表达和决策形式，负责人集体讨论程序在行政管理中具有重要的地位和作用，但同时也有很多需要注意的问题。

首先，行政机关需要注意集体讨论程序的适用范围。在落实负责人集体讨论程序时，行政机关首先面对的问题，就是如何确定哪些案件情形属于“情节复杂或者重大违法行为”。但是《行政处罚法》并未对“案情复杂或者重大违法行为”的案件类型予以明确，而是赋予行政机关自由裁量权。因此，行政机关应正确把握适用范围。我国 1996 年公布实施的《行政处罚法》第三十八条第二款规定：“对情节复杂或者重大违法行为给予较重的行政处罚，行政机关的负责人应当集体讨论决定。”经 2009 年、2017 年修正，2021 年修订后，该条调整为《行政处罚法》第五十七条第二款，并规定为“对情节复杂或者重大违法行为给予行政处罚，行政机关负责人应当集体讨论决定”。2021 年修订后的《行政处罚法》关于负责人集体讨论的规定，在原有内容上删除了“较重的”限定，明确只要是对情节复杂或者重大违法行为给予行政处罚，都应当经过行政机关负责人集体讨论决定。从此处可看出，判断案件是否属于应当进行集体讨论的情形，关注的重点不应只看处罚的结果，而是要关注案件本身的“情节”是否复杂、违法行为是否“重大”。例如，对于处以罚款的行政处罚案件，如果案件本身在违法主体确认、调查取证、违法事实认定、法律关系确认等情节上较为复杂，即使只是对非自然人处以少量罚款，亦属于需要负责人集体讨论的情形。一般来说，适用简易程序实施行政处罚的案件，原则上不作集体讨论。但有时基于本机关的实际情况和案件需要，有的行政机关对法定情形之外的特殊情况，也会作出内部规定应当提请集体讨论，比如上级机关交办的重要案件、在社会上影响较大的案件。

其次，行政机关负责人集体讨论程序应当依法进行。行政机关案件集体讨论实行民主集中制和行政首长负责制。在民主的基础上集中，在集中指导下发扬民主，既要集中智慧实现科学决策，又要各抒己见实现思想上的统一。一般来说，行政案件集体讨论按照听取汇报、提出询问、发表意见、研究讨论、形成决议的顺序进行。参考《重大行政决策程序暂行条例》第三十条的规定，行政机关案件讨论会议中，会议组成人员应当充分发表意见，行政首长应当最后发表意见，以免影响其他组成人员的意见。原则上，首长应当尊重会议组成人员中的多数意见，如果首长持不同意见应当说明理由。行政首长拟作出的决定与会议组成人员多数人的意见不一致的，应当在会上说明理由。集体讨论决定情况应当如实记录，不同意见应当如实载明。集体讨论形成一致性意见的，按一致性意见执行。不能形成一致意见的或属于重大复杂案件的，可以咨询上级政府法制办公室意见，提请下一次集体会审会讨论决定。此外，案件集体会审讨论还应当制作会议记录。会议记录应当全面、客观、准确地记录会议讨论、表决情况和决议内容。参加案件集体讨论的人员应在案件讨论记录上签名，经参加会议成员签名确认后该记录要归入案件档案卷宗。如涉及行政复议或诉讼，应将集体讨论会议记录作为行政处罚行为的作出依据和证据向复议机关或人民法院提交。

最后，行政机关履行负责人集体讨论程序依然要遵循回避制度。虽然集体讨论一般情况下只是行政机关作出行政处罚的内部环节，不会直接对行政相对人的权利义务产生实际影响，但该程序作为法定情形下行政处罚决定的必经程序，仍必须符合法律所规定的程序要求，案件集体讨论的成员是案件的当事人或当事人的近亲属或者与当事人有其他利害关系可能影响案件公正处理的，应当回避。

集体讨论程序最初作为一项在行政机关内部实行的程序，体现了行政自治理念。近年来，在行政法治的图景下，行政机关负责人集体讨论程序的制度意义显著提升，外化为法定程序，成为行政处罚决定程序的关键内容和行政处罚结果公平、公正的坚实屏障。严格执行机关负责人集体讨论制度，是程序正义的体现，也是依法行政的应有之义。

80 委托执法中受托机关负责人集体讨论符合法律规定吗?

委托执法即为行政管理职权的委托行使，它是行政机关行使职权的一种法定方式，也是“职权法定”原则的特殊表现形态。根据《行政处罚法》第二十条的规定，行政机关依照法律、法规、规章的规定，可以在其法定权限内书面委托符合该法第二十一条规定条件的组织实施行政处罚。在司法实践中，人民法院认定是否存在行政委托关系，要看行为的内容是否具有履行行政管理职责的性质，以及受益主体是否惠及社会公众，具有维护公共利益的性质，两者同时具备即属于行政委托，并不以行政机关以书面或口头明确表示委托为必要条件。即使没有行政机关以书面文件明确表示委托授权，但证据足以认定受托机关的行政行为系接受了行政机关的委托而实施的，就可以认定存在事实上的行政委托关系。那么在行政委托合法的情况下，是否可以由受托机关负责人集体讨论代替有权的委托行政机关负责人集体讨论呢？该问题在理论上存在争议，但是司法实践中的主流观点是否定的。

例如，在北京市水务局等与北京青石岭旅游开发有限公司行政处罚纠纷一案中，法院在判决中明确指出，委托执法中受托机关负责人不可以代替委托行政机关负责人集体讨论。该案二审中，怀柔区水务局及北京市水务局均上诉主张水政监察机构负责人可以视为行政机关负责人，被诉行政处罚书已经水政监察机构负责人集体讨论，故被诉行政处罚程序合法。二审法院认为该项主张不能成立，原因在于：第一，根据法律解释的基本原则，对法律条文的解释应当首先进行文义解释。文义解释是法律解释的起点和终点，其他解释都需以文义解释为基础。如果文义解释的结论是唯一且毫无疑义的，且不会造成体系冲突，则原则上应采纳文义解释的结论。该案中 2017 年修正的《行政处罚法》第三十八条第二款、1997 年公布实施的《水行政处罚实施办法》第三十条第三款、第四款的文义可以明确得出较重的行政处罚应当经过行政机关的负责人即水行政处罚机关的负责人集体讨论，从文义解释角度不能得出由水政监察机构负责人集体讨论。第二，从机构建制的角度来说，符合受托资质的组织不是法律授权的行政机关，即使存在委托和被委托关系，二者的负责人集体讨论程序也不能当然替代。该案中，怀柔区水务局与区水政监察大队在作出行政处罚的过程中系委托与被委托的关系，怀柔区水务局是水行政主管部门，区水政监察大队则系依法成立的管理水利事务的事业组织，即使是在此种委托与被委托的关系之下，行政机关所属事业单位的负责人也不能替代行政机关的负责人在行政处罚的过程中进行集体讨论。第三，从立法的角度来看，负责人集体讨论可能会对处罚结论造成直接的影响，间接影响处罚决定的作出，不同的主体进行讨论，讨论出来的处罚结果可能不同，处罚结果的不同势必对当事人权利义务产生影响，所以是否经过负责人集体讨论，以及集体讨论的主体是谁，应当属于法院对行政行为合法性的审查范围。因此，司法实践对该问题的态度是否定的。从该案例可知，不论是从法律解释还是立法目的角度来看，委托执法中受托机关负责人代替委托机关负责人进行集体讨论均是没有法律依据的。

总而言之，委托执法并不等于授权执法，受委托机关行使的职权仍属于委托机关。委托行为的法律后果由委托机关承担，在这种情况下，委托机关负责人应掌握执法任务，有必要进行集体讨论以确保决策的正确性、合理性和公正性。受托机关虽然负责实施执法任务，但并不具备真实职权，代替委托机关负责人进行集体讨论的行为缺乏法律依据，属于程序违法。因此，集体讨论程序应由法律所规定的行政机关负责人进行，一来可有效保证权责一致，二来有利于确保执法工作的合法性、公正性和规范性。

81 行政法律文书如何送达当事人？

行政法律文书的送达是法律程序中的关键环节，确保行政相对人依法、及时知悉和了解行政机关作出的行政法律文书的内容，为实现行政管理的目的打下坚实的基础。

行政法律文书的送达，主要是参考《民事诉讼法》中规定的司法文书送达方式。目前主要的送达方式有 3 种：直接送达、邮寄送达和留置送达、公告送达。每种送达方式都有其适用的场合和具体的操作规程，但无论哪种方式，其核心目的都是确保受送达人对相关法律程序的知情权。

首先，直接送达是最常见也是最有效的一种送达方式。《民事诉讼法》第八十八条规定："送达诉讼文书，应当直接送交受送达人。受送达人是公民的，本人不在交他的同住成年家属签收；受送达人是法人或者其他组织的，应当由法人的法定代表人、其他组织的主要负责人或者该法人、组织负责收件的人签收；受送达人有诉讼代理人的，可以送交其代理人签收；受送达人已向人民法院指定代收人的，送交代收人签收。受送达人的同住成年家属，法人或者其他组织的负责收件的人，诉讼代理人或者代收人在送达回证上签收的日期为送达日期。"这种方式能最直接地确保法律文书到达受送达人的手中，防止信息的误传或丢失。签收日期和姓名的记录，更能有效地证明送达行为的完成。

其次，邮寄送达和留置送达则是在无法直接送达时的替代方式。邮寄送达就是通过邮局将法律文书发送到受送达人手中。如果以邮寄送达的方式向当事人送达，根据《邮政法》第五十五条的规定，行政法律文书作为国家公文，应采用中国邮政寄递（一般为中国邮政特快专递服务 EMS），不得采用快递企业寄递，否则可能导致行政行为程序违法。留置送达则是在受送达人拒绝接收或者无法接收法律文书的情况下，将文书留在其住所或者工作单位，并告知相关的法律效力，即视为送达。尽管这两种方式相比于直接送达有一定的局限性，但同样保障了法律程序的正常运行。

最后，采取以上送达方式均无法有效送达的，行政机关就需要采取公告的方式送达。采用公告送达的，主要有张贴、登报或电视台、网上公告 3 种方式。张贴公告的，可以张贴在行政机关的公告栏或受送达人原住所地；采用网上公告的，应当在承办行政机关的官方网站予以公告。

无论是直接送达，还是邮寄、留置、公告送达，都是为了确保行政相对人及时了解行政行为的内容，让行政相对人能积极参与到行政程序中来，保障其合法权益。同时，《民事诉讼法》中规定的送达方式也为行政机关的送达工作提供了规范，确保行政机关在送达行政法律文书过程中的行为符合法律要求，从而提高政府公信力。

在实践中，送达方式的选择需要根据具体情况灵活变通，但无论何种方式，都需要遵守法律规定，尊重受送达人的合法权益，保证司法公正。因此，深入理解和掌握法律文书的送达方式及其相关规定，对于行政执法人员来说是至关重要的。

82 如何举证证明行政法律文书的送达？

行政机关送达法律文书是行政执法过程中的重要一环，行政机关不仅需要确保在行政执法程序中有效送达行政法律文书，而且一旦行政执法行为引发纠纷导致复议或诉讼，行政机关要证明已有效送达文书。行政机关对于行政法律文书是否有效送达如何证明呢？

首先，我们必须理解送达的意义和重要性。送达是一种法律程序，旨在确保当事人及时了解行政机关的决定。送达的有效性直接影响行政执法程序的推进，因此行政机关必须确保送达的有效性和合法性。

行政机关采取不同的送达方式，需要收集和保存的证据有以下需要注意的地方。

直接送达是最直接、最有效的送达方式。行政机关的工作人员或者委托的送达员直接将法律文书交给当事人，并让其签收。当事人签收的法律文书就是送达证明，其中应包含送达日期和当事人签名。如果当事人不在家，可以送到其住所，并由家庭成员代为签收。家庭成员的签名也是送达证明。

邮寄送达则适用于当事人无法直接接收法律文书的情况。行政机关可以选择使用挂号信、特快专递等邮寄方式将法律文书送达。邮寄的回执或者投递记录可以作为送达证明。需要注意的是，为避免争议，建议使用需要签收的邮寄方式。

在某些特殊情况下，如当事人拒绝签收或无法找到当事人，行政机关可以采用留置送达。这种情况下，送达员在留置送达的地点贴出法律文书，然后在送达单上详细记录留置情况，由在场的两名以上证人签字确认，该记录即可作为送达证明。

当无法通过其他方式送达法律文书时，行政机关可以采用公告送达。公告的内容包括当事人的姓名、送达文书的名称及主要内容、送达期限等。公告期满后，即视为送达成功。公告的副本或者公告期满的记录可以作为送达证明。

另外，随着科技的发展和执法手段的多样化，还可能采取电子送达的方式。电子送达严格来讲并非一种独立的送达方式，只是邮寄送达的电子化。通常由行政相对人在执法程序中预先留下电子邮箱地址，经当事人同意后，采取向行政相对人预留的电子信箱发送行政法律文书的电子文档，此种方式同样可以起到送达的法律效果。采用电子送达的，一般是使用政务系统送达，应在举证质证时出示电子数据原件，使用其他系统送达的，可能存在不规范的问题，另外还需要额外核实受送达的账号是否由受送达人本人所有和使用。开庭时如果可以使用网络，可以登录网址出示系统上的送达和签收记录，也可以提前保存打印相关页面，但是注意不能进行涂改。电子送达也是近年来逐渐推广使用的送达方式。实践中，很多执法人员会另外通过电话联系的方式提前提醒受送达人签收和在送达后确认送达情况，最好保留沟通记录并附在卷宗中证明送达情况。

需要强调的是，无论采取哪种送达方式，行政机关都有责任保证送达的有效性和合法性。任何送达的弄虚作假、程序违规都可能导致送达无效，进而影响决策的执行。因此，行政机关应严格遵守送达程序，维护公平正义的行政执行环境。

第三章　当庭智辩

一、举　　证

83 诉讼期间原、被告如何交换证据？

行政诉讼的庭前证据交换是最高人民法院在《行政诉讼法》的立法精神和行政法原则上确立的行政诉讼程序。证据交换要求各方当事人必须在庭前或庭审中向对方出示对证明自己的请求或对抗辩有利的证据，否则相关证据会因未经举证质证而不可以作为定案的依据。证据交换制度提高了诉讼效率，降低了诉讼成本，既是司法公开的必然要求，也能促进裁判结果更加趋向客观公正。

证据交换由人民法院组织，证据交换的时间可以由当事人协商一致并经人民法院认可，也可以由人民法院指定。当事人申请延期举证经人民法院准许的，证据交换日相应顺延。最高人民法院《关于行政诉讼证据若干问题的规定》第二十一条规定，对于案情比较复杂或者证据数量较多的案件，人民法院可以组织当事人在开庭前向对方出示或者交换证据，并将交换证据的情况记录在卷。最高人民法院《关于行政诉讼证据若干问题的规定》第三十五条规定，证据应当在法庭上出示，并经庭审质证。未经庭审质证的证据，不能作为定案的依据。当事人在庭前证据交换过程中没有争议并记录在卷的证据，经审判人员在庭审中说明后，可以作为认定案件事实的依据。

证据交换的目的是整理证据，固定争议焦点，实现庭审集中化。证据交换具备举证质证功能，但不能完全取代庭审中的质证程序。已进行庭前交换的，仍应配合开庭时法庭组织的举证质证。最高人民法院《关于行政诉讼证据若干问题的规定》第三十六条规定，经合法传唤，因被告无正当理由拒不到庭而需要依法缺席判决的，被告提供的证据不能作为定案的依据，但当事人在庭前交换证据中没有争议的证据除外。证据交换一般一次性完成，但重大、疑难和案情特别复杂的案件，人民法院认为确有必要再次进行证据交换的，可能会举行多次证据交换。

84 如何确定出示证据的顺序?

行政诉讼中主要由被告行政机关负责举证。行政机关需要向法院提供事实、法律、程序方面的证据，以证明其行政行为的合法性、合规性。根据《行政诉讼法》的相关规定，行政机关出示证据应当从以下几个方面依次进行。

首先是事实方面的证据。事实方面的证据主要涉及行政行为的具体情况、依据及实施过程，包括与行政决定相关的文件、资料、记录，行政决定实施的时间、地点、方式，涉及人员的身份、职务等。行政机关需在起诉状送达后的15日内提出答辩状并附有关证据。同时，行政机关应提交与本案有关的全部文件、资料，不得有遗漏（《行政诉讼法》第六十七条）。

其次是法律方面的证据。法律方面的证据主要涉及行政行为依据的法律、法规，以及相关的司法解释、部门规章等。这些证据可以证明行政行为的合法性。行政机关需按照法庭的指定顺序出示证据（《行政诉讼法》第六十七条），解释行政行为符合哪些法律规定，如何理解和应用这些法律规定。

最后是程序方面的证据。程序方面的证据主要涉及行政行为决定和实施过程中的程序合法性。这包括行政决定过程中的听证、公示、公告等程序，以及行政行为实施过程中的送达、告知等程序。行政机关需要出示相关的记录、文件，证明其程序的合法性。

行政机关在出示证据时，还需注意以下几点：一是完整性，行政机关需提交与案件有关的全部证据，不得有遗漏。二是时效性，行政机关需在规定的期限内提交和出示证据。三是合法性，行政机关提交的证据必须是合法获取的，否则将被法院驳回。四是有效性，行政机关需在法庭上有效地出示证据，并进行充分的说明和论证。

行政机关在行政诉讼中出示证据，不仅是证明其行政行为合法、合规的重要手段，也是履行诉讼义务、保障行政公正、维护公民权益的重要责任。因此，行政机关在行政诉讼中需积极、主动将行政执法过程中收集和保存的材料作为证据向人民法院提交。

85 证人出庭需要履行哪些手续?

行政机关需要证人出庭的，应当在举证期限内向法院申请，最好以书面形式申请，在取得法院许可后，证人可以出庭作证。根据最高人民法院《关于行政诉讼证据若干问题的规定》第四十三条的规定，当事人申请证人出庭作证的，应当在举证期限届满前提出，并经人民法院许可。人民法院准许证人出庭作证的，应当在开庭审理前通知证人出庭作证。当事人在庭审过程中要求证人出庭作证的，法庭可以根据审理案件的具体情况，决定是否准许以及是否延期审理。

需要重点注意的是，行政机关应当在作出行政行为之前的调查阶段收集证人证言，行政诉讼开始后，行政机关不得在未经法院许可的情况下收集证人证言，否则违反《行政诉讼法》的相关规定。根据《行政诉讼法》第三十五条和最高人民法院《关于行政诉讼证据若干问题的规定》第三条的规定，在诉讼过程中，被告及其诉讼代理人不得自行向原告、第三人和证人收集证据。

行政机关在应诉时需要证人出庭的，行政机关应尽量确保证人能够亲自出庭作证。最高人民法院《关于行政诉讼证据若干问题的规定》第六十三条第八项规定，出庭作证的证人证言优于未出庭作证的证人证言。如果证人应当出庭作证而无正当理由不出庭作证，其证言不能单独作为定案依据。根据最高人民法院《关于行政诉讼证据若干问题的规定》第四十一条的规定，当事人在行政程序或者庭前证据交换中对证人证言无异议的，证人因年迈体弱或者行动不便无法出庭的，证人因路途遥远、交通不便无法出庭的，证人因自然灾害等不可抗力或其他意外事件无法出庭的，或者证人因其他特殊原因确实无法出庭的，经过人民法院准许，可以提交书面证言。

关于证人出庭的费用，根据最高人民法院《关于行政诉讼证据若干问题的规定》第七十五条的规定，证人、鉴定人因出庭作证或者接受询问而支出的合理费用，由提供证人、鉴定人的一方当事人先行支付，由败诉一方当事人承担。

86 如何向对方出庭作证的证人发问？

在庭审过程中，原告可能根据举证的需要，向人民法院申请己方的证人出庭。在庭审过程中，行政机关的出庭人员在法官允许的情况下，可以向出庭作证的证人发问。必要时，行政机关的出庭人员可以主动询问法官能否允许自己向证人发问并说明理由。根据最高人民法院《关于行政诉讼证据若干问题的规定》第三十九条第二款、第三款的规定，经法庭准许，当事人及其代理人可以就证据问题相互发问，也可以向证人、鉴定人或者勘验人发问。

行政机关的出庭人员在法庭上向证人发问时，需要注意以下几点。

一是注意尊重和礼貌。在问询证人时，应始终保持尊重和礼貌。这不仅是基本的职业道德，也有助于维持法庭的秩序。在行政诉讼中，作为被告代理人的出庭人员要注意对证人的尊重和礼貌，消除证人固有的抵触情绪。

二是确保提问的问题清晰易懂。行政机关出庭人员的问题需要清晰、明了，并且容易理解。如果证人不清楚提问的问题，可能会影响他们的回答和整个法庭程序。

三是不要引导证人。法庭上应避免提出引导性问题。提出的问题应该是开放的，允许证人自由地表达他们的观点，而不是在无意识的情况下引导证人给出特定的答案。

四是确保相关性。提问的问题必须与案件有关，不能提出与案件无关的问题，这可能会干扰法庭的程序。

五是避免攻击性。行政机关的出庭人员在问询证人时，应避免对证人进行攻击或者侮辱。即使不同意证人的说法或行为，也应保持专业的态度。

六是遵守法规和程序。在询问证人时，必须遵守所有相关的法律和法庭规则。这可能包括如何提问、何时提问等规定。

七是记录和跟踪。提问要有逻辑性。注意对提出的问题和证人的回答跟踪提问，并且记下证人回答中的有效信息，以便在后续的审判过程中使用这些信息。

八是用心倾听。充分倾听证人的回答，这不仅可以得到更多的信息，还可以了解证人的情绪和态度，这些都可能影响证人证言的可信度。

九是提问前要充分准备。在问询证人前，出庭人员应该充分准备。可能的话，提前熟悉证人的背景、了解案件的具体情况等。

法庭上向证人提问，要确保询问是有效的，对于案件的推进和提供给法庭的参考是有帮助的，出庭人员向证人发问，这不仅需要良好的沟通技巧，还需要对法律和法庭程序有深入的理解。

87 哪些情况下需要执法人员出庭作证？

行政机关出庭应诉，一般仅需要委托代理人出庭，个别案件中需要法定代表人出庭应诉。但在部分法定情形下，行政机关除了委托代理人出庭应诉外，还需要行政机关的工作人员出庭。但行政机关执法人员出庭的主要任务并不是应诉，而是作证。执法人员出庭作证，主要是应原告或第三人要求出庭作证。

根据《行政诉讼法司法解释》第四十一条和最高人民法院《关于行政诉讼证据若干问题的规定》第四十四条的规定，有下列情形之一，原告或者第三人可以要求相关行政执法人员作为证人出庭作证：（1）对现场笔录的合法性或者真实性有异议的；（2）对扣押财产的品种或者数量有异议的；（3）对检验的物品取样或者保管有异议的；（4）对行政执法人员的身份的合法性有异议的；（5）需要出庭作证的其他情形。

执法人员仅作为证人出庭作证时，应当出示证明其身份的证件，并诚实地进行作证。执法人员应当陈述其亲历的调查过程，不必讲自己的判断、推测或者评论。行政机关执法人员的证言是为了证明某个待证事实，因此判断、推测和评论不能作为定案的依据。

88 哪些情况下需要鉴定人员出庭接受询问?

鉴定意见作为行政诉讼证据种类之一，由当事人互相质证之后才可作为定案依据。但鉴定意见一般涉及专业性问题的判断，行政诉讼的案件当事人有时不具备对非常专业的鉴定意见的真实性、合法性和关联性判断的知识和能力。需要鉴定人员出庭作证的情况通常涉及专业技术性的问题，如环境影响评估、工程质量鉴定、土地使用权评估等。当这些技术性问题对案件结果有直接影响时，就需要由专业的鉴定人员来提供证据和专业意见。诉讼当事人对鉴定意见有异议并提出要求或者法院认为有必要时，经过法院的通知，可以要求鉴定人员出庭，接受当事人的询问，帮助当事人更为深入和准确理解鉴定意见的内容和效力。

根据最高人民法院《关于行政诉讼证据若干问题的规定》第四十七条的规定，当事人要求鉴定人出庭接受询问的，鉴定人应当出庭。鉴定人因正当事由不能出庭的，经法庭准许，可以不出庭，由当事人对其书面鉴定结论进行质证。因此，在行政诉讼中，诉讼的原告、被告（行政机关）、第三人都可以申请鉴定人员出庭接受询问，以便对鉴定结论充分质证，消除当事人对鉴定意见的内心疑惑，同时也可以帮助审判人员了解鉴定意见的得出过程、依据和最后结论，并对鉴定意见是否具有证明力作出审查和判断。诉讼当事人要求鉴定人员出庭的，鉴定人员应当出庭。

鉴定人员出庭作证的过程通常包括两个阶段。首先，鉴定人员会在法庭上详细解释他们的鉴定报告，包括他们的方法、数据和结论。其次，各方当事人都有权对鉴定人员的报告进行质证，并可以向鉴定人员提问。这一过程有利于确保鉴定结果的公正性和公开性。

鉴定人存在法定不能出庭的正当事由的，经人民法院准许，可以提交书面说明。鉴定人员出庭接受询问的例外情形和证人出庭作证一样，鉴定人员可以不出庭的法定正当事由包括：当事人在行政程序或者庭前证据交换中对鉴定意见无异议，鉴定人员因年迈体弱或者行动不便无法出庭，鉴定人员因路途遥远、交通不便无法出庭，鉴定人员因自然灾害等不可抗力或者其他意外事件无法出庭等情形。

89 哪些情况下需要向法庭申请专业人员出庭?

最高人民法院《关于行政诉讼证据若干问题的规定》第四十八条规定，对被诉具体行政行为涉及的专门性问题，当事人可以向法庭申请由专业人员出庭进行说明，法庭也可以通知专业人员出庭说明。必要时，法庭可以组织专业人员进行对质。当事人对出庭的专业人员是否具备相应专业知识、学历、资历等专业资格等有异议的，可以进行询问。由法庭决定其是否可以作为专业人员出庭。专业人员可以对鉴定人进行询问。

专业人士出庭的目的和作用主要包括：（1）提供专业意见。专业人士出庭可以向法庭提供专业意见或解释，以帮助法官理解案件中涉及的复杂技术或专业知识，并对案件的事实和争议点进行解释。（2）证明事实。专业人士可能会提供证据或证言，以证明案件中的某些事实。他们的专业背景和经验使得他们的证言在法庭上具有较高的信服力。（3）评估证据。专业人士可以对案件中的证据进行评估，并提供专业意见，以帮助当事人和法官理解某项证据的含义和价值。

在行政诉讼中，需要专业人士出庭的情况通常包括以下几种：一是涉及专业性问题。当案件涉及特定领域的专业知识或技术问题时，法院可能要求相关专业人士出庭，以提供专业意见或解释。这些专业人士可以是科学家、工程师、医生、会计师、律师等，具体取决于案件的性质。二是专业人士作为证人出庭。如果某个专业人士是案件中的证人，并且其证言对案件的结果具有重要作用，法院可能要求该专业人士出庭作证。三是涉及鉴定评估的事项。在一些行政争议中，法院可能需要进行鉴定评估，以确定涉案事实或技术细节。此时，法院可能会指定专业人士出庭，进行现场勘查或提供鉴定意见。

二、质　　证

90 何谓行政诉讼中的质证？

在诉讼中，当事人为证明案件事实，要向法庭提供相关证据。人民法院法庭调查的主要任务就是对当事人双方提交的证据进行质证。

质证是指当事人、诉讼代理人及第三人在审判人员的主持下，通过听取、审阅、核对、辨认等方法，对提交法庭的证据的真实性、关联性、合法性（统称“三性”）以及证明力的有无、大小予以说明和质辩，无异议的予以认可，有异议的当面质疑和询问的程序。

《行政诉讼法》第四十三条第一款规定：“证据应当在法庭上出示，并由当事人互相质证。对涉及国家秘密、商业秘密和个人隐私的证据，不得在公开开庭时出示。”质证是庭审的重要程序，未经庭审质证的证据，不能作为定案的依据。

质证的方式有两种：（1）对于一般案件，应当公开质证；（2）对于特殊案件，涉及国家秘密、商业秘密和个人隐私或者法律规定的其他应当保密的证据，不得在开庭时公开质证。

91 如何质辩证据是否真实?

质辩证据的真实性实际上就是对提供的证据是否真实进行判断。真实性分为形式上的真实和实质上的真实。形式上的真实就是证据在呈现的形式上是真实存在的，而不能是想象的、臆测的“证据”。如原告称行政机关在强制拆除违法建设时，对房屋内的私人物品造成了损毁，那原告提供的购买物品的发票是真实的。实质上的真实是指证据的内容真实存在，真实地反映了待证事实的本质。在具体的质证环节中，行政机关可以从以下几个方面对案涉证据的真实性进行质辩。

（1）未能提供原件、原物的证据。原告未提供原件、原物，又无其他证据可以佐证的，对该证据的真实性不予认可，如原告提交视听资料作为证据，未能提供存储该视听资料的原始载体。

（2）复印件、复制品与原件、原物不相符的证据。证据的原件、原物可以比对的，对于不相符的复印件和复制品的证据真实性不予认可。证据的原件、原物无法取得或者已经损毁，要对原告所提供的复印件、复制品进行仔细甄别，查找是否与己方掌握的情况一致。

（3）原告出示的证据涉及签字或盖章，证据真实性存疑的，行政机关应当申请对签字或盖章的真实性进行鉴定。

（4）存在删减、剪辑、遗漏等情形的证据，如视听证据、电子数据的呈现不完整等。

（5）证人证言和原告存在利害关系的情形。如果原告一方提供的证人与其存在利益关系，在缺乏其他证据可以相互证实的情况下，对于该证据的真实性应不予认可。

（6）有违逻辑推理、日常生活经验法则的证据。证据所反映的事实明显违背常理、生活经验、交易习惯的，不具有真实性。

92 如何质辩证据是否合法？

证据的合法性是指当事人提供的证据形式、内容以及取得方式必须符合法律规定。

（1）证据的形式必须合法。证据的形式必须符合法律规定的证据形式，不符合法定形式的材料不属于合法的证据。《行政诉讼法》第三十三条规定了书证、物证、视听资料、电子数据、证人证言、当事人的陈述、鉴定意见、勘验笔录和现场笔录8种法定证据。在具体的个案中，当事人提交的证据是否符合法定的形式，需要依据上述规定归类后才能确认其是否合法。例如，原告提出申请，要求被告行政机关的执法人员出庭对部分证据中存在的疑点作出说明，虽然《行政诉讼法》第三十三条未明确规定行政机关的工作人员出庭作证属于何种证据形式，但行政机关工作人员出庭作证属于代表行政机关作出的陈述，可以归类为当事人陈述类的证据。

（2）证据的内容必须合法。证据的内容合法是指证据的制作主体、具体内容必须符合法律规定，才可能被认定为合法的证据。例如，原告提交的村委会开具的证明材料，仅有村委会成员的签名，未加盖村委会的公章，无法反映该证据的制作是否经过了村委会同意，制作书证的主体不符合法律规定，证据的内容不合法。

（3）证据的取得方式必须合法。《行政诉讼法》第四十三条第三款规定："以非法手段取得的证据，不得作为认定案件事实的根据。"最高人民法院《关于行政诉讼证据若干问题的规定》第五十八条规定："以违反法律禁止性规定或者侵犯他人合法权益的方法取得的证据，不能作为认定案件事实的依据。"非法手段取得的证据，既可能是严重违反法定程序收集的证据材料，也可能是以偷拍、偷录、窃听等手段侵害他人合法权益所获取的证据材料，还可能是以利诱、欺诈、胁迫、暴力等不正当手段获取的证据材料。

当然，行政机关在质证证据的合法性时，还可以从原告提交证据已超过举证期限为由，质疑原告证据的合法性。另外，在行政诉讼二审程序和再审程序中，原告以发现新证据为由提起上诉或再审申请的，行政机关可以从原告提交的证据是否属于法定的新证据的角度进行质辩。

93 如何质辩证据的关联性？

证据的关联性是指证据与案件事实具有内在或客观的关联性。简单地说，就是当事人提交的证据要与案件的待证事实（被诉具体行政行为是否合法）存在联系。只有存在关联的证据才能作为案件的定案依据，举证才具有实质意义。在质证的过程中，要判断哪些证据与案件有关、哪些与案件无关，和被诉具体行政行为缺乏联系的证据予以排除。对证据关联性的判断往往并非法律问题，更多地靠经验和常识进行判断，有时甚至要根据证据间互为补强所呈现的结果进行判断。

对于证据的关联性应当从以下两个方面入手。

（1）证据是否对案件事实有证明作用。一般情况下，所举证的证据都在一定程度上与案件事实有一定的联系，但是否有证明作用则不一定。比如，相对人所举证的另案裁判文书，被告行政机关的负面新闻，某执法人员的个人情况等材料，这些证据并不能直接指向案件的行政行为是否合法，对案件事实不能起到证明作用，应当视为和案件事实没有关联。

（2）证据材料与案件事实之间是否有较高的关联程度。根据证据材料和案件事实之间的关联程度，证据可以区分为直接证据和间接证据。直接证据是指能够对待证事实直接地起证明作用的证据，其最重要的特征是能够单独证明行政机关的行政行为是否合法。如果证据在推理和加工后，才能证明案件事实，则该证据属于间接证据。间接证据和案件事实的关联程度较低，需要与其他证据相结合，补强证明作用。所以对于间接证据，如果没有形成证据链条，或者存在其他证据补强的情况下，间接证据就起不到证明作用。

行政机关对于原告提交证据的关联性的质辩，关键要紧紧围绕案件的争议焦点，判断和衡量证据材料和待证事实之间是否存在有机联系，以及两者之间联系的密切程度，进而提出有效的质证意见。

94 如何界定行政诉讼中的新证据？

最高人民法院《关于行政诉讼证据若干问题的规定》第五十条、第五十一条规定二审和审判监督程序中可以提交“新的证据”。那“新的证据”又是如何界定的呢？行政机关需要明确识别证据是否为“新的证据”，从而在庭审质证中提出质证意见。最高人民法院《关于行政诉讼证据若干问题的规定》第五十二条规定：“本规定第五十条和第五十一条中的‘新的证据’是指以下证据：（一）在一审程序中应当准予延期提供而未获准许的证据；（二）当事人在一审程序中依法申请调取而未获准许或者未取得，人民法院在第二审程序中调取的证据；（三）原告或者第三人提供的在举证期限届满后发现的证据。”

在诉讼实践中，“新的证据”可以分为3种情形：一是当事人在一审举证期限内由于客观原因未能在举证期限内提交证据，但当事人向一审法院提出了延期举证的申请，一审法院本应当准予延期提供但未准许延期提供，当事人在二审或再审程序中才提供的证据。二是当事人在一审举证期限内申请法院依法调取，但未被法院准许或者经调取但未取得，二审法院依照当事人的申请或者依职权调取的证据。三是在一审举证期间届满之前，原告或者第三人未能够发现，在举证期限届满后才发现的证据。

关于第三种情形需要重点说明，超过原审举证期间后才被发现的证据，作为“新的证据”提交的主体只是行政诉讼中的原告（行政相对人）或者第三人，并不包含被告一方，这是由行政行为和行政诉讼的特点决定的。因为被告行政机关执法是依据执法当时的事实和法律依据作出的，不存在将后续发现的情况作为之前行政行为作出的依据，也就不存在被告在举证期间届满后才发现证据的情形。另外，虽然该情形中对于原告或者第三人未能及时发现证据，并未考察原告或者第三人的主观心理状态，但如果原告或者第三人应当及时发现并提交证据而未发现提交，在二审和再审程序中再主张“新的证据”，人民法院采纳的难度较大。

95 如何质辩当事人提交的新证据?

行政诉讼中的新证据对于二审程序和再审程序往往具有颠覆性的影响，所以行政机关必须审慎提出反驳意见。虽然对于界定新证据主要是从形式上认定“新”的成立，但被告机关在质辩时不但要从形式上反驳新证据的成立，而且要从实质上反驳新证据的合法性。被告行政机关反驳原告或者第三人提交的证据属于新证据，应当从以下角度提出意见。

首先，如果原告或者第三人主张其在一审期间向法院提出了延期举证申请，因一审法院未准许而导致不得不在二审或者再审程序中才作为新证据提交，则被告行政机关应当质疑原告或者第三人是否在一审期间曾向人民法院提出过延期举证的申请，且必须在举证期限内提出申请，不符合上述条件的，依法不应当作为新证据采纳。

其次，如果原告或者第三人主张其在一审期间曾申请人民法院依法调取而未获准许或者未取得，导致不得不在二审或者再审程序中才作为新证据提交，则被告行政机关应当质疑原告或者第三人是否在一审期间曾向人民法院提出过调取证据的申请，且必须在举证期限内提出申请，不符合上述条件的，依法不应当作为新证据采纳。

最后，如果原告或者第三人主张其提交的证据属于一审举证期限届满之后才发现的新证据，则被告应当质疑原告或者第三人对于应当及时提交而未能提交证据是否存在主观过错。由于原告或者第三人的主观过错未能及时发现并提交，而在二审或者再审程序中才提交的，不应当被认定为新证据。

除了上述从形式上质辩是否属于新证据之外，原告或者第三人提交的“新证据”亦应当符合证据必备的真实性、合法性、关联性的特征，否则，即便属于新证据，但不符合证据的法定要求的，仍不能产生提交新证据的效果。行政诉讼对于新证据的审查是非常严格的，如果过于宽松，可能会影响司法裁判的权威性，造成司法资源的浪费。

三、程序审答辩要点

96 行政诉讼的受案范围是如何规定的？

公民、法人或者其他组织对行政机关及其工作人员的行政行为不服，可依法提起诉讼。受案范围是行政诉讼的重要问题，是行政诉讼区别于其他诉讼的一个重要标志，行政诉讼是围绕这一行为开始的。只有当行政争议在法律规定的受案范围之内，行政相对人才可以提起行政诉讼。作为被起诉方的行政机关，准确把握受案范围可以及时地对行政相对人的起诉条件作出甄别和筛选，对维护行政机关的公权力及合理高效地调配司法资源和行政资源起着积极和重要的作用。

行政诉讼的受案范围，在《行政诉讼法》中既有肯定（属于受案范围）的列举，也有排除情形的列举。

肯定的列举情形有，《行政诉讼法》第十二条第一款规定：

"人民法院受理公民、法人或者其他组织提起的下列诉讼：（一）对行政拘留、暂扣或者吊销许可证和执照、责令停产停业、没收违法所得、没收非法财物、罚款、警告等行政处罚不服的；（二）对限制人身自由或者对财产的查封、扣押、冻结等行政强制措施和行政强制执行不服的；（三）申请行政许可，行政机关拒绝或者在法定期限内不予答复，或者对行政机关作出的有关行政许可的其他决定不服的；（四）对行政机关作出的关于确认土地、矿藏、水流、森林、山岭、草原、荒地、滩涂、海域等自然资源的所有权或者使用权的决定不服的；（五）对征收、征用决定及其补偿决定不服的；（六）申请行政机关履行保护人身权、财产权等合法权益的法定职责，行政机关拒绝履行或者不予答复的；（七）认为行政机关侵犯其经营自主权或者农村土地承包经营权、农村土地经营权的；（八）认为行政机关滥用行政权力排除或者限制竞争的；（九）认为行政机关违法集资、摊派费用或者违法要求履行其他义务的；（十）认为行政机关没有依法支付抚恤金、最低生活保障待遇或者社会保险待遇的；（十一）认为行政机关不依法履行、未按照约定履行或者违法变更、解除政府特许经营协议、土地房屋征收补偿协议等协议的；（十二）认为行政机关侵犯其他人身权、财产权等合法权益的。"

排除情形的列举有以下几点。

第一，抽象行政行为不可诉。具体的行政行为才具有可诉性，也就是说，具体实施机关根据法律规定，对具体的行政相对人作出的行政行为才可能在受案范围之内。抽象的行政行为，比如国务院制定行政法规的行为、政府发布规范性文件的行为等，不可诉。

第二，行政机关的内部行政行为不可诉。行政机关内部的奖惩、任免和行政处理等行为，是行政机关对行政机关工作人员作出的决定，不依据《行政诉讼法》及相关司法解释进行处理。

第三，国防、外交等国家行为不可诉。该行为是指国务院、中央军事委员会、国防部、外交部等根据宪法和法律的授权，以国家的名义实施的有关国防和外交事务的行为，以及经宪法和法律授权的国家机关宣布紧急状态等行为。

不属于行政诉讼受案范围的法律规定，除上述《行政诉讼法》规定的受案范围外，《行政诉讼法司法解释》第一条对不属于行政诉讼受案范围的行为也作了详细的列举，具体包括：(1) 公安、国家安全等机关依照《刑事诉讼法》的明确授权实施的行为；(2) 调解行为以及法律规定的仲裁行为；(3) 行政指导行为。(4) 驳回当事人对行政行为提起申诉的重复处理行为；(5) 行政机关作出的不产生外部法律效力的行为；(6) 行政机关为作出行政行为而实施的准备、论证、研究、层报、咨询等过程性行为；(7) 行政机关根据人民法院的生效裁判、协助执行通知书作出的执行行为，但行政机关扩大执行范围或者采取违法方式实施的除外；(8) 上级行政机关基于内部层级监督关系对下级行政机关作出的听取报告、执法检查、督促履责等行为；(9) 行政机关针对信访事项作出的登记、受理、交办、转送、复查、复核意见等行为；(10) 对公民、法人或者其他组织权利义务不产生实际影响的行为。

行政机关接到人民法院转送的原告起诉状后，要第一时间判断是否在行政诉讼受案范围内，进而判断行政争议的处理方式和途径是否合理。如果不属于行政诉讼的受案范围，则应当第一时间联系法院，并递交答辩状表明所诉行政行为不属于行政诉讼受理范围，从而减少不必要的诉累。

97 如何对当事人的起诉是否属于受案范围答辩？

行政机关对于原告提起的诉讼，在答辩时首先需要进行程序方面的答辩。如果程序方面的答辩理由可以成立，人民法院就不再需要对被诉行政行为的事实认定和法律适用等实体内容进行审查，所以说程序答辩理由属于行政机关应诉答辩的首选理由。程序答辩的理由中，对于原告提起的诉讼是否属于行政诉讼受案范围的反驳理由最为重要。

行政机关对于原告的起诉是否属于行政诉讼的受案范围的答辩，应当从以下几个方面进行。

一是可以援引《行政诉讼法》的法律规定进行答辩。《行政诉讼法》第十三条从否定的角度对不属于行政诉讼的受案范围的情形作了列举，行政机关在个案中可以依据上述规定的具体内容，向法庭陈述原告的起诉不属于行政诉讼受案范围的理由。例如，对于行政机关针对内部工作人员作出的降级撤职等行政处分行为，如果该内部工作人员不服向法院提起行政诉讼，行政机关即应当援引该条款作为反驳理由。

二是如果原告提起诉讼所针对的行政机关的行为特征不明显，无法适用《行政诉讼法》第十三条受案范围排除列举的情形加以反驳，行政机关可以援引《行政诉讼法》第十二条第一款第十二项“认为行政机关侵犯其他人身权、财产权等合法权益的”兜底性条款，在个案中判断原告起诉主张保护的自身权益是否属于人身或者财产权益的范畴。如果不属于人身权或财产权的范畴，则不属于行政诉讼的受案范围。

三是除了现行法律规定以外，行政机关可以援引虽然《行政诉讼法》中没有体现，但已成为行政诉讼立法基础的学理知识作为答辩理由。例如，有关抽象行政行为和具体行政行为的学理分类，抽象行政行为是指行政机关针对不特定对象作出的，可以反复适用的行政行为，主要是指行政机关发布规范性文件的行为。具体行政行为是指行政机关针对特定的管理对象作出的行政行为，比如作出行政处罚决定、行政许可等行为。原告只能针对行政机关作出的具体行政行为提起诉讼，如果对具体行政行为所依据的规范性文件（抽象行政行为）不服的，可以一并提出审查的请求，但不能单独针对行政机关作出的抽象行政行为提起诉讼。也就是说，单独针对行政机关作出的抽象行政行为提起诉讼的，不属于行政诉讼的受案范围。

行政机关通过以上 3 层答辩理由，在行政诉讼中基本上可以涵盖被诉行政行为不属于行政诉讼受案范围的大多数诉讼主张，取得胜诉的目标。

98 当事人的起诉不属于受案范围时，是否仍需要对案件的实体内容进行答辩？

如果行政机关的应诉人员认为原告的起诉不属于行政诉讼的受案范围，这种情况下，依然需要针对被诉行政行为的实体内容进行详细的答辩，主要理由如下。

一是当事人的起诉是否属于行政诉讼的受案范围，只是行政机关应诉人员的判断，而判断原告的起诉是否属于行政诉讼的受案范围，决定权在于人民法院。行政机关的判断有时并不一定准确，如果在答辩应诉时，先入为主认定原告的起诉不属于行政诉讼的受案范围，自作主张仅仅针对是否属于受案范围的焦点事项进行答辩，一旦该项答辩理由未能得到法院的支持，而行政机关出庭应诉又未就被诉行政行为的实体内容进行答辩，可能导致本可能胜诉的案件结果却难以令人满意。

二是尽管原告的起诉可能不属于行政诉讼的受案范围，但行政机关如果能够针对被诉行政行为的实体内容提交答辩状进行详细答辩，人民法院应将被告提交的答辩状转交给原告，行政机关的答辩状就是说服原告、争取诉讼双方理解的一剂良药。如果被告详细的答辩状理由充分，可能说服原告不再坚持自己的主张，推动案件得到圆满解决。

三是可以预防未来的诉讼。除了阐明原告的诉求不属于行政诉讼受案范围以外，行政机关理据充分的答辩，可能有助于预防未来类似的诉讼，为节约行政资源和司法资源助力。

99 行政行为不存在的常见情形有哪些？

行政行为是行政诉讼审查的标的和对象，对于行政诉讼而言必不可少。但有时原告提起诉讼所针对的行政行为并不存在，或者说已经失去了法律效力，即属于行政行为不存在的情形。原告起诉的行政行为不存在，人民法院应当对其起诉不予受理或者驳回起诉。行政机关在诉讼答辩或应诉时准确适用答辩的理由，应诉才能取得理想的效果。行政行为不存在的常见情形有以下几种情况。

一是行政机关未作出任何行政行为，原告起诉时所主张的行政机关存在违法行为只是原告的推测。例如，原告提起诉讼主张被告行政机关强制拆除了其房屋及地上附属物，但原告未能提交证据证明被告实施了强制拆除其房屋及地上附着物的行为，即属于被诉行政行为不存在。

二是行政机关作出的行为并不是行政机关的意思表示，此时应当视为行政行为并不存在。例如，行政机关协助司法机关作出的查封不动产或者注销行政许可的行为，虽然是行政机关作出的行为，但并非行政机关本身的意愿，而是协助配合司法机关的指令作出的行为。脱离了意思表示的内核，行政机关的行为不能视为行政诉讼意义上的行政行为，应当视为并不存在行政行为。

三是行政机关虽然作出了相应的行政行为，但该行为的效力已经消失，对原告不再产生不利影响，或者产生的不利影响已经被消除，原告针对该行为提起诉讼的，视为其起诉的行政行为已经不存在。导致行政效力消失的情形，可能是原行为机关对该行为的自行撤销，或者已被行政复议机关撤销或者变更。例如，被告行政机关对原告曾作出过罚款的行政处罚，但该处罚决定并未执行，且该行为机关又自行撤销了该处罚决定的，该行政行为的效力已经消失，且未给原告造成不利影响，可以视为被诉行政行为已经不存在。

原告起诉所针对的行政行为不存在，是人民法院对原告的起诉不予受理或者驳回起诉的常用裁判理由之一，行政机关必须重视这一答辩理由。

100 原告不适格的常见情形有哪些？

原告向人民法院提起行政诉讼，要求原告具备原告主体资格。原告主体资格不适格，属于人民法院裁定不予受理或者驳回起诉的常用裁判理由之一。在行政诉讼中，原告不符合法定条件，可能存在以下情况。

一是被告的行为未影响原告的权利义务，原告对该行为提起诉讼的，属于原告不适格，这属于最为常见的原告不适格的情形。例如，原告向某市自然资源部门举报他人存在违法建设行为，并对某市自然资源局未针对其举报及时作出回复不服，向人民法院提起诉讼。但经查，原告举报的违法建设和原告的房屋既不相邻，也不影响其通行。某市自然资源局受理其举报后是否作出答复，对原告的权利义务不产生实际的影响，原告的起诉主体不适格。

二是原告自身存在不符合法定要件的情形，导致原告提起诉讼存在主体不适格。例如，部分案件中，要求农村集体经济组织提起诉讼必须经过村集体 2/3 以上的集体成员表决通过。如果原告在起诉时未能提交相关表决材料，原告提起诉讼的主体即可能不适合。

三是原告的合法权益受损并不是行政机关的行为所致，而是其他因素导致的，此时原告提起行政诉讼存在原告主体资格不适格的可能。例如，债务人把自己的房屋抵押给了债权人，但双方并未到自然资源部门抵押登记。后债务人把自己的房屋卖给了他人，并且到自然资源部门作了产权转移登记。债权人认为该房屋已经抵押给了自己，对自然资源部门作出的转移登记行为不服提起行政诉讼。但因为债权人享有的抵押债权并未进行登记，抵押的房屋被交易，导致其债权的担保落空，损害其抵押权的因素是债务人的处分行为，而不是自然资源部门的转移登记行为。债权人不服自然资源部门的转移登记行为提起行政诉讼，属于原告主体不适格。

在行政诉讼中，原告不适格除了上述原告实体权益和被诉行政行为无关以外，还存在部分原告本身权利能力或者行为能力不符合法定条件的情形。行政机关出庭应诉，应当对于行政诉讼法律关系中的原告主体资格是否符合法律规定有准确的把握，才能在诉讼中提出准确的答辩理由，取得事半功倍的法律效果。

101 如何确定投诉人与举报人的原告主体?

行政机关负有行政管理的职责，公民因某事项向行政机关提起投诉和举报，后又针对行政机关对投诉和举报的处理不服提起诉讼的，如何确定投诉人和举报人的主体资格？这一问题在《行政诉讼法》修改之前，并未引起立法上的重视。《行政诉讼法司法解释》第十二条第五项规定：为维护自身合法权益向行政机关投诉，具有处理投诉职责的行政机关作出或者未作出处理的，属于《行政诉讼法》第二十五条第一款规定的“与行政行为有利害关系”。最高人民法院的司法解释有了明确规定后，投诉人和举报人的原告主体资格界定才有法可依。

理解投诉人和举报人的区分，可以参考2022年9月29日国家市场监督管理总局发布的《市场监督管理投诉举报处理暂行办法》中对“投诉”和“举报”的界定。该暂行办法第三条规定：“本办法所称的投诉，是指消费者为生活消费需要购买、使用商品或者接受服务，与经营者发生消费者权益争议，请求市场监督管理部门解决该争议的行为。本办法所称的举报，是指自然人、法人或者其他组织向市场监督管理部门反映经营者涉嫌违反市场监督管理法律、法规、规章线索的行为。”通过上述规定，可以发现“投诉”与“举报”最大的区别是是否与“自身”有“利害关系”。

因为举报人向行政机关反映问题并非出于维护自身权益的目的，所以《行政诉讼法》将单纯的“举报”排除在了可诉的范围内。举报人不因举报行为而必然享有行政诉讼原告资格。

若举报人不认可行政机关对自己举报的处理结果，向法院提起行政诉讼，人民法院会以举报人与行政机关未及时处理及处理结果之间不具有利害关系而对举报人的起诉不予受理或者驳回起诉。

投诉人投诉的目的在于维护投诉人本人的合法权益，投诉人对行政机关的不处理或者处理结果不服的，有权提起行政诉讼。但在界定投诉人的行政诉讼原告主体资格时，还要注意特殊情况。在（2019）最高法行申14243号案件中，法院认为，“职业打假人”或“职业诉讼人”的起诉并非出于维护自身合法权益，不具有诉讼主体资格。

102 如何确定受害人的原告主体资格？

《行政诉讼法司法解释》第十二条第三项规定：要求行政机关依法追究加害人法律责任的，属于《行政诉讼法》第二十五条第一款规定的“与行政行为有利害关系”。《行政诉讼法司法解释》的这一条款确认了受害人的行政诉讼原告主体资格，但行政诉讼中的“受害人”范围应当如何界定呢？

行政诉讼中具备原告主体资格的“受害人”，仅限于治安管理处罚中存在加害人和受害人角色的情形，具体是指治安管理中一方存在违法行为造成了另一方的人身权或者财产权受到损害，权益受损的一方即为“受害人”。受害人对于行政机关针对加害人作出的处理不服，认为行政机关对加害人未作处理或者作出的处理畸轻的，受害人有权提起诉讼，要求行政机关加重对加害人的处理。

行政诉讼中“受害人”的范围不能无限扩大。例如，医疗机构因医疗事故造成病人身体伤害，病人或病人家属以“受害人”的身份提起行政诉讼，要求卫生行政主管部门追究医疗机构或者医生的责任的，病人或病人家属和医疗机构之间并不属于“受害人”与“加害人”的关系，因此，病人或病人家属援引上述司法解释的条款提起行政诉讼，其原告主体资格并不适格。

103 被告不适格的常见情形有哪些？

被告不适格是指诉讼中的被告不具备诉讼主体资格。一般情况下，行政诉讼的被告遵循“谁行为，谁被告”的原则。《行政诉讼法》第二十六条规定：“公民、法人或者其他组织直接向人民法院提起诉讼的，作出行政行为的行政机关是被告。经复议的案件，复议机关决定维持原行政行为的，作出原行政行为的行政机关和复议机关是共同被告；复议机关改变原行政行为的，复议机关是被告。复议机关在法定期限内未作出复议决定，公民、法人或者其他组织起诉原行政行为的，作出原行政行为的行政机关是被告；起诉复议机关不作为的，复议机关是被告。两个以上行政机关作出同一行政行为的，共同作出行政行为的行政机关是共同被告。行政机关委托的组织所作的行政行为，委托的行政机关是被告。行政机关被撤销或者职权变更的，继续行使其职权的行政机关是被告。”

行政诉讼中的被告不适格，一方面在于行政管理体制的复杂性，导致原告无法找准符合法律规定的被告；另一方面在于部分案件中原告有意错列或者多列被告，造成被告不适格的情形。

行政诉讼中的被告恒定为行政机关或法律法规和规章授权的主体。个案中的被告必须是作出了相应的行政行为，或者应当作为而未作为的行政主体。原告起诉的被告并非作为行政行为的主体，则属于被告不适格的情形。

一是原告所诉的行政行为并非被诉行政机关作出的，原告起诉的被告行政机关不属于适格被告。例如，原告认为其房屋被镇政府强制拆除，向人民法院提起诉讼，但原告并无证据证明镇政府实施了强制拆除行为，原告以镇政府为被告提起诉讼，属于被告主体不适格的情形。

二是行政机关委托其他行政机关作出行政行为的，原告应当以委托机关为被告提起诉讼，如果以受托机关为被告，则属于被告不适格。行政机关之间的委托又被称为行政协助，受托机关须以委托机关的名义，在委托行使的职能范围内作出相应的行政行为，由此产生的法律后果由委托机关承受，因此，原告不服受托机关作出的行政行为提起诉讼，应当以委托机关为被告。

三是复议不作为和复议改变原行政行为的情形下，原告提起诉讼极易出现被告不适格的问题。原告向复议机关申请复议，复议机关不作为的，原告对原行为不服，应当以原行为机关为被告，对复议机关的不作为行为不服的，应当以复议机关为被告。如果复议机关经复议改变了原行政行为，原告只能以复议机关为被告，针对复议决定提起诉讼。但复议机关如果只是以程序违法为由确认原行政行为违法的，视为维持原行政行为，原告应当以原行政行为和复议机关为共同被告提起诉讼。原告针对经复议的案件提起诉讼，如果违反上述被告确定的规则，则属于被告不适格。

四是原行为机关已经被撤销或者职能已经转移的情况下，原告不服原行政行为的，应当以继受行政职权的机关为被告。原行为机关已经被撤销的，应当以撤销行为机关的同级人民政府为被告，原行为机关属于垂直领导体制的，应当以其上一级机关为被告。原告违背上述原则错列被告的，或者坚持以原行为机关为被告的，属于被告不适格。

行政机关应诉时，首先要厘清本机关是否属于适格被告的问题，这样才能确定应诉的方向，提出有效的答辩理由。

104 《行政诉讼法》关于行政诉讼的起诉期限有何规定？

行政诉讼法中的起诉期限是原告向法院提起行政诉讼，寻求司法救济的法定期限。行政诉讼不适用民事诉讼的诉讼时效制度，而适用起诉期限制度。《行政诉讼法》规定，原告的起诉超过法定期限的，人民法院应不予立案或者驳回起诉。因此，行政机关在答辩时，应当具备抗辩原告的起诉超过法定期限的答辩意识，并且熟练掌握有关起诉期限的各类情形。

具体而言，行政诉讼法上原告的起诉期限有 7 种类型。

（1）6 个月（一般起诉期限）。根据《行政诉讼法》第四十六条的规定，行政机关作出行政行为时，同时告知了原告诉权和诉期的，原告不服行政机关作出的行政行为，应当在知道或者应当知道被诉行政行为之日起 6 个月内提起诉讼。

（2）1 年（未告知诉权诉期的一般起诉期限）。根据《行政诉讼法司法解释》第六十四条的规定，行政机关作出行政行为时，未告知原告诉权和诉期的，原告不服行政机关作出的行政行为，应当自知道或者应当知道该行政行为之日起 1 年内提起诉讼。

（3）15 日（经复议后的起诉期限）。《行政诉讼法》第四十五条规定，原告不服行政机关作出的行政行为，向作出该行为的行政机关的上级机关或者同级人民政府申请复议，复议机关作出复议决定后原告仍不服的，可以在收到复议决定之日起 15 日内提起诉讼。依据《行政复议法》第六十二条第一款的规定，行政复议机关适用普通程序，应当在受理复议申请之后应当在 60 日内作出行政复议决定。因此，如果复议机关逾期不作决定，原告同样可以在复议期满之日起 15 日内针对复议机关的不作为提起诉讼。

（4）5 年（最长起诉期限）。根据《行政诉讼法》第四十六条第二款的规定，行政机关作出行政行为后，原告一直不知道行政行为内容的，最长可以在 5 年内向人民法院提起诉讼。

（5）20 年（涉不动产的最长起诉期限）。根据《行政诉讼法》第四十六条第二款的规定，行政机关作出行政行为后，原告一直不知道行政行为内容，且该行政行为影响原告享有的不动产权益的，原告最长可以在 20 年内向人民法院提起诉讼。

（6）特定起诉期限（其他法律规定的起诉期限）。除了

《行政诉讼法》规定的起诉期限类型外，其他法律对原告享有的起诉期限另有规定的，按照其他法律规定执行。例如，根据《土地管理法》的规定，原告对行政机关针对土地权属作出的行政裁决不服的，应当在30日内提起诉讼。需要注意的是，该类型中的法律是从狭义的角度理解的，此处的法律专指全国人民代表大会及其常务委员会制定和颁布的法律规范。

（7）确认行政行为无效之诉不受起诉期限限制。根据《行政诉讼法司法解释》第九十四条的规定，公民、法人或者其他组织起诉请求撤销行政行为，人民法院经审查认为行政行为无效的，应当作出确认无效的判决。公民、法人或者其他组织起诉请求确认行政行为无效，人民法院审查认为行政行为不属于无效情形，经释明，原告请求撤销行政行为的，应当继续审理并依法作出相应判决；原告请求撤销行政行为但超过法定起诉期限的，裁定驳回起诉；原告拒绝变更诉讼请求的，判决驳回其诉讼请求。该司法解释第一百六十二条还规定，公民、法人或者其他组织对2015年5月1日之前作出的行政行为提起诉讼，请求确认行政行为无效的，人民法院不予立案。例如，在（2020）最高法行再341号案中，最高人民法院认为："重大且明显违法的行政行为即无效行政行为，自始、绝对无效，不因时间推移而具有合法效力。因此，当事人对2015年5月1日之后作出的行政行为可以随时提起确认无效请求，不受起诉期限限制。"但在实践中，为避免出现当事人滥用确认无效诉讼请求以规避起诉期限制度的情况，原告一方应当对被诉行政行为属于无效情形举证。被告一方亦可提出证据否定对方主张。人民法院应当对行政行为是否属于无效情形进行审查，根据《行政诉讼法司法解释》第一百六十二条进行处理。

因行政诉讼的情况具有多样性，我国立法对起诉期限分情况进行了规定，基本上采取固定起诉期限以及最长起诉期限模式。但需要注意的是，行政诉讼中的起诉期限问题一般不适用民事诉讼时效的终止和中断，即使因不可抗力或者其他不属于其自身的原因耽误起诉期限的，当事人也仅可以申请人民法院延长期限。行政诉讼中起诉期限制度目的在于防止司法救济权被滥用，督促行政相对人及时行使起诉权利，以及确保行政行为的法效性，因此行政行为一经作出便不能随意更改，只有经过特定的途径才可以对其进行撤销或变更。

105 人民法院如何审查原告提起诉讼是否超过起诉期限？

在起诉期限内是提起行政诉讼条件之一，解决的是行政起诉能否进入实体审查的问题。因此，有关行政诉讼中原告的起诉是否符合起诉期限的规定，是人民法院审查原告的起诉是否符合法律规定的条件之一，当然也是原告和被告主张与反驳的重点之一。虽然人民法院会主动审查原告的起诉是否超过起诉期限，但被告对于原告的起诉是否超过起诉期限，依法负有举证责任。最高人民法院《关于行政诉讼证据若干问题的规定》第四条第三款规定："被告认为原告起诉超过法定期限的，由被告承担举证责任。"

《行政诉讼法》规定被告对原告是否超过起诉期限负举证责任，这主要是考虑到被告行政机关的举证能力及行政管理的客观规律。起诉期限的计算是从原告知道或者应当知道被诉行政行为的内容及诉权诉期开始计算的，而被告作为行政行为以后，依法需要告知或者送达给原告，甚至根据个案行政行为的不同，有时还需要向社会发布公告。如果被告依法履行了告知或送达程序，则被告完全有能力举证证明原告知悉被诉行政行为的具体时间，人民法院会据此确定起诉期限的起点。

人民法院审查原告的起诉是否超过起诉期限，主要依赖对被告提交的证据的审查。被告可以提交作出行政行为之后，已将被诉行政行为告知原告的送达回证或签收的材料作为证明原告知道被诉行政行为的证据，也可以提供邮寄送达、留置送达、公告送达的相关材料证明原告应当知道被诉行政行为的证据。被告作出的行政行为没有履行告知程序，或者没有证据证明已履行告知程序，此时可以通过原告和被告在沟通协商过程中，能够确认被告已将被诉行政行为的内容告知原告，或者通过行政行为的效果推定原告应当知道被诉行政行为的，仍可以据此确定起诉期限的起算点。例如，被告实施了强制拆除行为，即使被告未能举证证明其履行事先告知的程序，但实施强制拆除行为会导致原告的建筑物或构筑物灭失的后果，可以推定原告在拆除当日应当知道被诉强制拆除行为，可以其应当知道之日起计算起诉期限。

人民法院审查原告的起诉是否超过起诉期限，除了审查被告提交的证据外，还可以通过审查原告的起诉主张及提交的证据，确定起诉期限计算的时点。原告可能在诉讼理由或者提交的证据材料中自认已经知道被诉行政行为的时点，或者原告在诉前的协商、沟通或信访程序中已经知悉被诉行政行为的，同样可以作为认定原告已经知道被诉行政行为的时点。

人民法院通过审查原告或者被告提交的证据材料，确认原告知道被诉行政行为的事实及具体的时间点后，才可能适用有关起诉期限的法律规范，决定案件是否可以进入实体审查阶段。

106 如何确定行政救济是否属于复议前置？

行政复议前置是指当事人寻求行政救济的途径，应当先向行政复议机关申请行政复议而不能直接提起行政诉讼。如对这些行政争议未先申请行政复议而直接提起行政诉讼，将会被法院裁定驳回起诉。在部分行政执法领域，行政机关实施行政管理、作出行政行为具有很强的专业性和领域性。行政机关在作出行政行为时需要考量的因素也纷繁复杂。考虑到行政管理的专业性，部分行政争议通过行政复议程序解决更有优势，部分立法中设置了复议前置的救济机制，即原告不服被告行政机关作出的行政行为，必须首先选择行政复议，对复议结果仍不服的，才可以提起行政诉讼。

行政救济设置行政复议前置的机制，实际上对原告行使诉权造成了一定的限制，因此必须严格限定有权设定复议前置的法律规范。根据《行政诉讼法》第四十四条第二款“法律、法规规定应当先向行政机关申请复议，对复议决定不服再向人民法院提起诉讼的，依照法律、法规的规定”之规定，有权设置复议前置的法律规范，仅限于法律、行政法规和地方性法规。

目前，设置了复议前置的法律条款主要有以下几条。

第一，侵犯已依法取得的自然资源所有权或使用权的行政行为。《行政复议法》第二十三条第一款规定，对行政机关作出的侵犯其已经依法取得的自然资源所有权或使用权的决定不服的，应当先申请行政复议；对行政复议决定不服的，可以依法向人民法院提起行政诉讼。

第二，涉及海关和纳税争议的行政争议。《税收征收管理法》第八十八条规定，纳税人、扣缴义务人、纳税担保人同税务机关在纳税上发生争议时，必须先依照税务机关的纳税决定缴纳或者解缴税款及滞纳金或者提供相应的担保，然后可以依法申请行政复议；对行政复议决定不服的，可以依法向人民法院起诉。《海关法》第六十四条规定，纳税义务人同海关发生纳税争议时，应当缴纳税款，并可以依法申请行政复议；对复议决定仍不服的，可以依法向人民法院提起诉讼。

第三，外汇管理机关作出的行政行为引发的争议。《外汇管理条例》第五十一条规定，当事人对外汇管理机关作出的具体行政行为不服的，可以依法申请行政复议；对行政复议决定仍不服的，可以依法向人民法院提起行政诉讼。

第四，对广告违法行为作出的处罚决定引发的争议。《广告管理条例》第十九条规定："广告客户和广告经营者对工商行政管理机关处罚决定不服的，可以在收到处罚通知之日起十五日内，向上一级工商行政管理机关申请复议。对复议决定仍不服的，可以在收到复议决定之日起三十日内，向人民法院起诉。"

第五，价格处罚决定引发的争议。《价格违法行为行政处罚规定》第二十条规定："经营者对政府价格主管部门作出的处罚决定不服的，应当先依法申请行政复议；对行政复议决定不服的，可以依法向人民法院提起诉讼。"

行政复议前置的法定情形还有散见于其他法律法规中的规定，只要法律法规中的救济条款设置了应当先复议，对复议结果不服的，可以再提起行政诉讼，即属于法定行政复议前置的情形。如果原告针对特定的行政行为提起诉讼，应经复议而未经复议，人民法院会对原告的诉讼请求不予受理或者驳回起诉。

107 抽象行政行为和具体行政行为如何分类？

抽象行政行为和具体行政行为是学理上对行政行为的分类，虽然在行政诉讼法上没有直接出现抽象行政行为的概念，但这一分类方法对于行政诉讼而言，具有非常重要的意义。抽象行政行为是指行政机关针对不特定对象制定和发布规范性文件的行为。具体行政行为是指行政机关针对具体的人、具体的事作出的行政行为。二者既存在分别，又有内在的联系。

抽象行政行为和具体行政行为的区别在于以下几点。

第一，在性质上，抽象行政行为是行政主体为了调整大量、无特定对象的社会关系所作出的行为，通常具有一般性和抽象性，如制定行政规章，下达通知、指示等。具体行政行为针对个别具体的行政关系，具有特定对象和特定效果，如行政许可、行政处罚、行政强制等。

第二，在内容上，抽象行政行为规定的是一种普遍的、不特定的行为规范，不针对特定的事物或者个人。具体行政行为则针对特定的事物或者个人，产生的效果有具体的、直接的影响。

第三，在效果上，抽象行政行为的效果是间接的，通过对行政关系的一般调整来实现。具体行政行为的效果是直接的，对特定对象产生直接影响。

第四，在适用次数上，抽象行政行为可以反复适用，重复援引。具体行政行为只能一次性适用，针对特定对象产生作用。

第五，在救济途径上，抽象行政行为引发的争议通常不能直接作为行政诉讼的审查对象。具体行政行为可以作为行政诉讼的直接对象。

抽象行政行为和具体行政行为也存在一些内在的联系。

第一，抽象行政行为通常是具体行政行为的依据，具体行政行为在执行过程中又需要遵守抽象行政行为所规定的规范。

第二，原告在针对具体行政行为提起诉讼时，如果对作为具体行政行为依据的抽象行政行为不服，可以附带提起诉讼，要求人民法院审查该抽象行政行为的合法性。

抽象行政行为在《行政诉讼法》中也有体现。《行政诉讼法》第十三条规定："人民法院不受理公民、法人或者其他组织对下列事项提起的诉讼：……（二）行政法规、规章或者行政机关制定、发布的具有普遍约束力的决定、命令……"其中"行政法规、规章或者行政机关制定、发布的具有普遍约束力的决定、命令"就是对抽象行政行为的界定。另外，《行政诉讼法司法解释》第二条第二款规定："行政诉讼法第十三条第二项规定的‘具有普遍约束力的决定、命令’，是指行政机关针对不特定对象发布的能反复适用的规范性文件。”该条款进一步明确了抽象行政行为的内涵。

108 原告起诉的行政行为属于抽象行政行为时，如何答辩？

《行政诉讼法》将原告直接针对抽象行政行为提起的诉讼，明确排除在行政诉讼的受案范围之外，但实践中，部分原告坚持对抽象行政行为直接提起诉讼，并且主张其起诉的行政行为属于具体行政行为。那么，被告行政机关针对原告的诉讼主张，应当如何答辩呢？

被告对于原告针对抽象行政行为提起的诉讼，应当从以下方面提出己方的答辩理由。

第一，抽象行政行为的适用对象是不特定的主体。抽象行政行为并没有明确指向的行政相对人，适用范围内的主体数量有时无法确定。抽象行政行为的效力范围通常是以地域管辖范围确定的，对一定范围内的任意单一主体都具有法律效力。例如，行政机关发布某县范围内的土地征收补偿标准，可以适用的主体包括县域范围内的任何被征收人。

第二，抽象行政行为针对的事项不是特定的，针对同类事项可以反复适用。例如，行政机关发布在某区范围内禁止摩托车通行的规定，有别于针对违法行为人违反禁令骑行摩托车被行政处罚的特定事项，而且在该禁令有效期内，对于区域内所有违反禁令骑行摩托车的违法行为可以反复适用。

第三，抽象行政行为不能直接进入执行程序，抽象行政行为针对特定对象产生法律效果，必须通过具体行政行为确定行政法律关系中行政机关和行政相对人的权利义务。

第四，抽象行政行为的界定标准是一个复合的标准，不能依据任何单一的标准，去区分和界定抽象行政行为的特性。

针对原告提出的是否属于抽象行政行为的观点的答辩，还可以援引相关的同类生效司法裁判，融入自己的抗辩中，形成有效反驳意见，争取人民法院对答辩意见的认可。

109 当事人起诉的行政行为属于内部人事争议的行为时，如何答辩？

《行政诉讼法》第十三条第三项规定，原告针对行政机关对行政机关工作人员的奖惩、任免等决定提起诉讼的，人民法院不予受理。《行政诉讼法司法解释》第二条第三款规定，《行政诉讼法》第十三条第三项规定的“对行政机关工作人员的奖惩、任免等决定”，是指行政机关作出的涉及行政机关工作人员公务员权利义务的决定。上述条款规定行政机关内部人事争议不属于行政诉讼受案范围。原告在诉讼中针对内部人事争议提起诉讼，被告行政机关应当从以下几个方面进行答辩。

第一，原告与被告行政机关属于内部行政管理关系，原告的身份属于被告行政机关的内部工作人员，双方产生争议，应当参照《公务员法》第九十五条第一款的规定，向同级公务员主管部门或者作出人事处理的机关的上一级机关提出申诉，而不能通过行政诉讼的途径解决。

第二，被告行政机关对原告作出的行为属于内部人事处理行为，既可能是奖励或惩戒等形式行为，也可能是涉及原告个人的福利待遇方面的事项引起的争议。行政机关的内部争议截然不同于行政处罚、行政许可等外部行政管理行为的形式和对象，只能通过内部人事申诉制度解决。

第三，行政管理系统内部专门从事监督的审计机关或者监察机关针对行政机关工作人员作出的审计或监察行为，属于行政管理系统内部的监督，同样不属于行政诉讼的受案范围。

110 哪些情形下人民法院会把行政执法行为的过程行为纳入受案范围?

行政机关上下级之间的请示审批行为，或不同行政机关之间的协助执法行为，属于行政机关作为行政行为过程中的中间环节，一般不属于行政诉讼的受案范围，但在特定情形下，行政机关的部分内部过程行为具备外部行政行为的特征后，即可能被人民法院纳入行政诉讼的受案范围。

一是行政机关的内部管理环节对原告的权利义务产生了影响。根据《行政诉讼法》第二条第一款“公民、法人或者其他组织认为行政机关和行政机关工作人员的行政行为侵犯其合法权益，有权依照本法向人民法院提起诉讼”的规定，被诉行政行为对原告的合法权益产生影响，是原告具备提起诉讼的主体资格的基本条件之一。如果行政机关的内部管理环节已经对原告的权利义务产生了影响，则原告可能取得原告主体资格。例如，根据最高人民法院《关于审理行政许可案件若干问题的规定》第四条“当事人不服行政许可决定提起诉讼的，以作出行政许可决定的机关为被告；行政许可依法须经上级行政机关批准，当事人对批准或者不批准行为不服一并提起诉讼的，以上级行政机关为共同被告；行政许可依法须经下级行政机关或者管理公共事务的组织初步审查并上报，当事人对不予初步审查或者不予上报不服提起诉讼的，以下级行政机关或者管理公共事务的组织为被告”的规定，批准许可的上级机关的批准行为原本属于行政机关内部管理系统之间的审批行为，但上级机关批准与否的行为，直接决定了下级机关是否可以作出相应的许可，因此，上级机关的内部批准环节可能对原告请求行政许可的申请产生实质性的影响，人民法院可以将其纳入行政诉讼的范围。

二是行政机关的内部管理环节已经通过一定的形式送达给原告，或者被原告知悉，产生了内部管理行为效果外化的情形，该内部管理环节即可能被人民法院纳入行政诉讼的受案范围。例如，在北京市第四中级人民法院审理的（2020）京 04 行初 267 号一案中，被告门头沟区政府向门头沟供电公司作出协助停止供电函，内容为：门头沟区大峪街道办事处辖区内地址为增峪路 19 号的两处建筑物未依法取得建设工程规划许可证，违反了《北京市城乡规划条例》规定，属于违法建设。请门头沟供电公司配合大峪街道办事处对此处违法建设办理停止供电相关事宜。北京金春时代商场有限公司（以下简称金春时代公司）不服被告门头沟区政府作出的协助停止供电函，向法院提起行政诉讼。法院认定，金春时代公司具有针对该行政行为提起行政诉讼的主体资格。尽管协助停止供电函是门头沟区政府向门头沟供电公司作出的，并未直接向金春时代公司送达协助停止供电函，但协助停止供电函的内容涉及对涉案建筑停止供电问题，金春时代公司又是与门头沟供电公司就涉案建筑签订了《高压供用电合同》的用电人。门头沟区政府向门头沟供电公司作出协助停止供电函的行为突破了内部行政行为的界限，完成了外化，因此门头沟区政府作出协助停止供电函的行为依法属于行政诉讼的受案范围。

三是行政机关的内部过程环节成为直接影响原告权利义务的行政行为的事实依据，该内部过程环节的行为即可能被人民法院纳入行政诉讼的受案范围。例如，根据《生产安全事故报告和调查处理条例》第十九条、第二十五条、第三十二条第二款的规定，一旦发生生产安全事故，当地政府应当组织事故调查组，对事故的性质和责任认定进行调查。事故调查组完成事故调查报告后报送人民政府批复。有关机关应当按照人民政府的批复，依照法律、行政法规规定的权限和程序，对事故发生单位和有关人员进行行政处罚，对负有事故责任的国家工作人员进行处分。当地政府批复的事故调查报告中，对事故的定性和责任的认定，直接构成了行政机关对事故发生单位或有关人员作出处罚的事实依据，因此，人民法院将当地政府对事故调查报告的批复行为同样纳入了行政诉讼的受案范围。

行政机关执法行为的内部过程环节，被纳入行政诉讼受案范围的情形属于例外，多数情况下，人民法院不会对行政机关的内部管理环节单独进行审查。

111 常见的行政终局行为有哪些?

行政终局行为是指行政机关作出的决定具有最终的效力，当事人不能针对行政终局行为再行提起行政诉讼。根据《行政诉讼法》第十三条第四项的规定，人民法院不受理公民、法人或者其他组织对法律规定由行政机关最终裁决的行政行为提起的诉讼。

我国现行法律规范中，行政终局行为主要有以下几种情形。

一是《行政复议法》直接规定的行政终局行为。《行政复议法》第二十六条规定:“对省、自治区、直辖市人民政府依照本法第二十四条第二款的规定、国务院部门依照本法第二十五条第一项的规定作出的行政复议决定不服的，可以向人民法院提起行政诉讼；也可以向国务院申请裁决，国务院依照本法的规定作出最终裁决。”即当事人对于国务院部门或省级政府作出的行政行为不服的，可以选择行政诉讼，也可以选择向国务院申请裁决。如果选择国务院申请裁决，则国务院作出的裁决具有终局效力。

二是《出境入境管理法》中规定的几类行政决定。《出境入境管理法》第三十六条规定:“公安机关出入境管理机构作出的不予办理普通签证延期、换发、补发，不予办理外国人停留居留证件、不予延长居留期限的决定为最终决定。”第六十四条规定:“外国人对依照本法规定对其实施的继续盘问、拘留审查、限制活动范围、遣送出境措施不服的，可以依法申请行政复议，该行政复议决定为最终决定。其他境外人员对依照本法规定对其实施的遣送出境措施不服，申请行政复议的，适用前款规定。”第八十一条规定：“外国人从事与停留居留事由不相符的活动，或者有其他违反中国法律、法规规定，不适宜在中国境内继续停留居留情形的，可以处限期出境。外国人违反本法规定，情节严重，尚不构成犯罪的，公安部可以处驱逐出境。公安部的处罚决定为最终决定。被驱逐出境的外国人，自被驱逐出境之日起十年内不准入境。”

三是政府对公安机关作出的集会、游行、示威不予许可决定作出的复议决定。《集会游行示威法》第十三条规定：“集会、游行、示威的负责人对主管机关不许可的决定不服的，可以自接到决定通知之日起三日内，向同级人民政府申请复议，人民政府应当自接到申请复议书之日起三日内作出决定。”《集会游行示威法实施条例》第十四条规定：“集会、游行、示威的负责人对主管公安机关不许可的决定不服的，可以自接到不许可决定书之日起3日内向同级人民政府申请复议。人民政府应当自接到复议申请书之日起3日内作出维持或者撤销主管公安机关原决定的复议决定，并将《集会游行示威复议决定书》送达集会、游行、示威的负责人，同时将副本送作出原决定的主管公安机关。人民政府作出的复议决定，主管公安机关和集会、游行、示威的负责人必须执行。”上述法律条款说明，公安机关对于集会、游行、示威不予许可的决定经同级人民政府复议后，即具有行政终局效力。

由于行政终局行为脱离了司法权的监督，因此，法律规范对行政终局行为的种类和范围的规定是非常严格的。上述《行政诉讼法》第十三条第四项中规定的有权界定行政终局行为的

“法律”要作狭义的理解，即仅限于全国人大及其常委会按照立法程序制定的法律规范。

112 行政终局行为不可以诉讼，是否可以复议？

行政终局行为是指行政机关作出的决定具有最终的效力，也就是说，终局行政行为确定的当事人的权利义务不再有可争议的余地。如果允许当事人因不服行政终局行为向人民法院提起行政诉讼，或向复议机关申请行政复议，行政诉讼或者行政复议的结果就可能被撤销、变更，这与行政终局行为的内涵是背道而驰的。但最高人民法院在（2017）最高法行再92号行政判决书中认为，根据《行政诉讼法》第十三条第四项的规定，人民法院不受理公民、法人或者其他组织对法律规定由行政机关最终裁决的行政行为提起的诉讼。最高人民法院《关于适用〈中华人民共和国行政复议法〉第三十条第二款有关问题的答复》（〔2005〕行他字第23号）规定：“……《中华人民共和国行政复议法》第三十条第二款规定的最终裁决应当包括两种情况：一是国务院或者省级人民政府对行政区划的勘定、调整或者征用土地的决定；二是省级人民政府据此确认自然资源的所有权或者使用权的行政复议决定。”依照上述法律和司法解释的规定，省级人民政府作出的征收土地决定，以及省级人民政府对征用土地决定作出的行政复议决定，属于法律规定的最终裁决行为，当事人对此类行政行为提起行政诉讼的，人民法院不予受理。但是，上述规定并未限制当事人对征收土地决定通过行政复议寻求救济。公民、法人或者其他组织不服省级人民政府作出的征收土地决定，有权申请行政复议，复议机关依法应予受理，进行实体审查并作出决定。

行政终局行为因为已经具有法定的最终效力，理论上不应当再赋予行政相对人或者利害关系人质疑该行为效力的机会。行政机关在个案的答辩中，可以从行政终局行为应当蕴含的法律效果的角度，提出不应当纳入行政诉讼或行政复议的受案范围的反驳意见。

四、行政裁量答辩要点

113 如何举证证明当事人违法是否具有主观过错？

2021 年 7 月 15 日实施的《行政处罚法》第三十三条第二款规定："当事人有证据足以证明没有主观过错的，不予行政处罚。法律、行政法规另有规定的，从其规定。"这一规定确立了当事人无主观过错不予处罚的规则。也就是说，行政机关在作出行政处罚前，需要考虑当事人在作为违法行为时的主观因素，这就要求行政机关在执法过程中必须注意收集和保存可以证明当事人违法时其主观状态的证据，否则，可能在复议或诉讼中存在败诉的风险。应当如何举证证明当事人违法时的主观状态呢？行政机关在应诉时应当注意以下几点。

首先，行政机关必须理解当事人的主观状态是通过客观行为来体现的。行政机关并不是当事人本人，因此不可能直接了解当事人违法时的主观心理状态。因此，行政机关只能从当事人的客观行为来考察其主观是否存在过错。

其次，行政机关必须了解主观过错的内涵和外延。当事人是否具有主观过错原本属于刑法上犯罪构成的要件之一。参考刑法上的主观过错要件，主观过错包括故意和过失，故意是指行为人主观上追求违法结果的心理状态。过失是指行为人由于疏忽大意或者过于自信导致违法结果的出现。其中故意包括直接故意和间接故意。直接故意即行为人明知其行为违反法律规定，仍旧实施该行为且希望违法结果的发生。间接故意是指行为人已预知其行为可能违反法律规定，却放任或未采取避免违法行为发生的措施。过失包括过于自信的过失和疏忽大意的过失。

再次，举证证明当事人存在主观过错，可以从当事人的智识水平足以认识到其违法行为可能导致违法的后果、当事人违法行为的次数以及是否曾被查处、当事人是否应当具备相关领域的专业知识、是否尽到了必要的注意义务等方面，收集可以证明当事人存在故意或者过失的证据。

最后，需要了解行政机关收集和保存当事人违法时是否具有主观过错的证据材料的主要用途在于反驳当事人提出自己不存在主观过错的主张，而非在答辩中主动举证证明当事人存在主观过错，以避免缺乏针对性的答辩内容。

114 《行政处罚法》中有哪些对当事人可以从轻或减轻处罚的情形?

《行政处罚法》第五条第二款规定:“设定和实施行政处罚必须以事实为依据,与违法行为的事实、性质、情节以及社会危害程度相当。”该条款提出了行政处罚中罚责相适应的行政处罚原则。行政机关应当在个案中,注意贯彻上述条款,当事人的违法行为出现法定可以从轻或者减轻处罚情形的,行政机关应当遵照适用。

首先,《行政处罚法》第三十条规定:“不满十四周岁的未成年人有违法行为的,不予行政处罚,责令监护人加以管教;已满十四周岁不满十八周岁的未成年人有违法行为的,应当从轻或者减轻行政处罚。”

其次,《行政处罚法》第三十一条规定:“精神病人、智力残疾人在不能辨认或者不能控制自己行为时有违法行为的,不予行政处罚,但应当责令其监护人严加看管和治疗。间歇性精神病人在精神正常时有违法行为的,应当给予行政处罚。尚未完全丧失辨认或者控制自己行为能力的精神病人、智力残疾人有违法行为的,可以从轻或者减轻行政处罚。”

最后,《行政处罚法》第三十二条规定:“当事人有下列情形之一,应当从轻或者减轻行政处罚:(一)主动消除或者减轻违法行为危害后果的;(二)受他人胁迫或者诱骗实施违法行为的;(三)主动供述行政机关尚未掌握的违法行为的;(四)配合行政机关查处违法行为有立功表现的;(五)法律、法规、规章规定其他应当从轻或者减轻行政处罚的。”

115 行政机关自行制定的执法裁量基准是否可以作为执法依据提交给人民法院?

裁量是行政执法的生命，裁量是行政权的重要特征之一，但行政裁量权的运用，可能因为执法者个人的经历和好恶、对法律条款理解的差异而出现同等情况未能同等对待的情形。因此，行政裁量权的规范逐渐成为行政执法的重要课题。《行政处罚法》第三十四条规定：“行政机关可以依法制定行政处罚裁量基准，规范行使行政处罚裁量权。行政处罚裁量基准应当向社会公布。”一般情况下，行政机关制定的行政处罚裁量基准只是规范性文件，效力较低，在诉讼中是否应当作为执法依据提交给人民法院，行政机关应诉人员常常产生此疑问。

行政机关执法时如果在行政法律文书的执法依据中明确列举了相应的行政处罚裁量基准文件，在应诉答辩时应当向人民法院提交，以证明执法的合法性和准确性。如果在行政法律文书的执法依据中未列举行政处罚裁量基准文件，在诉讼中是否需要提交可以视个案情况而定。但行政机关在应诉答辩中提交行政处罚裁量基准文件，应当注意以下几点。

一是行政机关依法制定裁量基准，如果作为执法依据适用，必须向社会公布。《行政处罚法》第三十四条也提出了行政处罚裁量基准应当向社会公布的要求。

二是制定行政处罚裁量基准文件的行政机关必须本身具有

相应制定和发布文件的职权。国务院办公厅《关于进一步规范行政裁量权基准制定和管理工作的意见》（国办发〔2022〕27号）第四条规定："严格履行行政裁量权基准制定职责。国务院有关部门可以依照法律、行政法规等制定本部门本系统的行政裁量权基准。制定过程中，要统筹考虑其他部门已制定的有关规定，确保衔接协调。省、自治区、直辖市和设区的市、自治州人民政府及其部门可以依照法律、法规、规章以及上级行政机关制定的行政裁量权基准，制定本行政区域内的行政裁量权基准。县级人民政府及其部门可以在法定范围内，对上级行政机关制定的行政裁量权基准适用的标准、条件、种类、幅度、方式、时限予以合理细化量化。地方人民政府及其部门在制定行政裁量权基准过程中，可以参考与本地区经济发展水平、人口规模等相近地方的有关规定。"这一规定是对行政裁量基准具体的制定主体的限定。国务院有关部门可以制定本部门本系统的行政裁量权基准。省、自治区、直辖市和设区的市、自治州人民政府及其部门可以制定本行政区域内的行政裁量基准。县级人民政府及其部门可以就上级制定的基准的适用标准、条件等予以细化量化。

三是行政机关制定的执法裁量基准不得违背法律、法规、规章以及上级行政机关制定的行政裁量权基准，上述《行政处罚法》、国务院办公厅《关于进一步规范行政裁量权基准制定和管理工作的意见》对此也均提出了要求。国务院有关部门印发的相关意见也体现了必须依法制定裁量基准的要求。如《关于规范市场监督管理行政处罚裁量权的指导意见》第二条明确规定："本意见所称行政处罚裁量权，是指各级市场监管部门在实施行政处罚时，根据法律、法规、规章的规定，综合考虑违法行为的事实、性质、情节、社会危害程度以及当事人主观过错等因素，决定是否给予行政处罚、给予行政处罚的种类和幅度的权限。”

五、证据的补充

116 哪些情形下行政机关可以在诉讼中补充证据？

《行政诉讼法》规定行政机关对其所作的行政行为负举证责任，由“被告负主要举证责任”是行政诉讼证据制度的最大特点。行政诉讼确立“由被告负主要举证责任”的证据制度，主要是因为行政机关作出行政行为应当建立在充分可靠的证据基础上，因此，被告行政机关在执法过程中已经收集和保存了相应的证据，在复议和诉讼中可以转化为诉讼证据提交给人民法院，以证明被诉行政行为的合法性。

行政机关向人民法院提交的证据必须是在执法过程中收集的证据，如果执法程序已经结束，行政机关在诉讼中为了证明被诉行政行为的合法性，再去收集证据，即属于违法行政。为了避免这种情况出现，法律对行政机关的举证期限也设置了严格的限制。根据《行政诉讼法》第六十七条第一款“人民法院应当在立案之日起五日内，将起诉状副本发送被告。被告应当在收到起诉状副本之日起十五日内向人民法院提交作出行政行为的证据和所依据的规范性文件，并提出答辩状。人民法院应当在收到答辩状之日起五日内，将答辩状副本发送原告”的规定，行政机关必须在收到起诉状副本之日起 15 日内向人民法院提交证据，但行政机关在应诉答辩中，可能出现意外情形导致无法在法定期限内提交相应的证据，《行政诉讼法》也规定了行政机关可以在诉讼中补充证据的情形。

一是延期提供。《行政诉讼法》第三十六条第一款规定：“被告在作出行政行为时已经收集了证据，但因不可抗力等正当事由不能提供的，经人民法院准许，可以延期提供。”因不可抗力等正当事由不能提供的，可以延期提供。但前提是提交的证据是作出行政行为时已经收集的。《行政诉讼法司法解释》第三十四条规定：“根据行政诉讼法第三十六条第一款的规定，被告申请延期提供证据的，应当在收到起诉状副本之日起十五日内以书面方式向人民法院提出。人民法院准许延期提供的，被告应当在正当事由消除后十五日内提供证据。逾期提供的，视为被诉行政行为没有相应的证据。”行政机关要在举证期限内举证，但确有理由无法提交证据的，应及时依照法律规定在一审举证期限内提交延期举证申请。

二是补充提供。《行政诉讼法》第三十六条第二款规定：“原告或者第三人提出了其在行政处理程序中没有提出的理由或者证据的，经人民法院准许，被告可以补充证据。”原告或者第三人在诉讼中提出了在行政处理过程中没有提出的理由或者相关证据的，行政机关经法院准许，可以针对对方或者第三人提出的新理由或者新证据补充证据。根据最高人民法院《关于行政诉讼证据若干问题的规定》第二条“原告或者第三人提出其在行政程序中没有提出的反驳理由或者证据的，经人民法院准许，被告可以在第一审程序中补充相应的证据”的规定，针对被告行政机关主动补充证据的情形，程序上限定必须在一审庭审结束前。

117 哪些情形下行政机关可以在二审诉讼阶段补充证据？

为了提高诉讼效率，行政诉讼起诉期限要求双方当事人在一审阶段各自倾其所能提交相应的证据，双方在人民法院的主持下，对证据质证辩证，查明案件事实，确保案件审理成效。但基于行政争议往往牵涉社会公共管理和公共利益的特性，在个案中有时被告行政机关未能及时在一审阶段提交相关证据，为了提高行政管理的效率，节约行政资源，在特定情形下，法律规定亦允许被告行政机关在二审阶段补充相应的证据。一般情况下，被告行政机关在一审阶段补充证据，主要是主动请求补充证据，而二审阶段被告行政机关补充证据，通常是应人民法院的要求被动补充提供，具体有以下两种情形。

一是案件事实涉及国家利益、公共利益或者他人合法权益。《行政诉讼法司法解释》第三十七条规定：“根据行政诉讼法第三十九条的规定，对当事人无争议，但涉及国家利益、公共利益或者他人合法权益的事实，人民法院可以责令当事人提供或者补充有关证据。”案件事实涉及国家利益、公共利益或者他人合法权益的，人民法院在审查过程中只要发现上述情况，不论在一审、二审还是再审阶段都应该要求当事人提供或者补充证据。

二是法院依职权要求行政机关提供。《行政诉讼法》第三十九条规定："人民法院有权要求当事人提供或者补充证据。"也就是说，在当事人提供的证据尚不足以证明案件的真实情况时，人民法院有权要求原告和被告提供或者补充证据，以便进一步查明案情。此条规定并不限定一审、二审或者再审阶段。当然，出于公正及周全的考虑，上述作为被告的行政机关在二审中补充证据应当被严格限制。当然，行政机关在二审中补充证据，一般应局限于行政机关在作出行政行为时已经收集的证据。

118 复议机关和原行为机关在诉讼中如何分担举证责任？

复议机关决定维持原行政行为的，当事人起诉时，应将原行为机关和复议机关列为共同被告。《行政诉讼法司法解释》第一百三十五条对复议机关作共同被告的案件举证内容和举证责任的分配都作出了明确规定。依据该条，在行政诉讼中，复议机关和原行政机关都将对所作的行政行为承担举证责任。至于二者是如何分担举证责任的，则需要对该条第二款进行具体解读。

该条第二款规定："作出原行政行为的行政机关和复议机关对原行政行为合法性共同承担举证责任，可以由其中一个机关实施举证行为。复议机关对复议决定的合法性承担举证责任。"由此款可解读出，复议机关和原行为机关共同作为被告方，其需举证证明的内容有两处：一为原行政行为的合法性，二为复议决定的合法性。根据所需举证的内容来看，二被告需承担的举证责任既有重合也有不同。具体而言：（1）针对原行政行为的合法性，复议机关和原行为机关均负举证责任，但可以由其中一个机关实施举证行为，也可以两个机关一同举证。在实践中，一般由原机关对被诉原行政行为的合法性进行举证和答辩，复议机关根据其表现进行补充说明。当然，复议机关可以与原机关在答辩期内进行协商如何实施举证，也可以在庭审中发表意见。例如，原机关出庭人员在庭审中存在准备不足、表达不清等问题时，复议机关出庭人员可以在原机关出庭人员发表意见后，进行补充说明。（2）针对复议决定合法性，应由复议机关承担举证责任。因为实体合法性已经包含在对原行政行为合法性的审查之中，所以此处的“复议决定合法性”一般指程序合法性，具体包括行政复议的受理程序、行政复议的审查和决定程序是否合法。因为原行为机关并未参与作出复议决定的行为，所以其对此一般不承担举证责任。

从上述举证责任分配的情况来看，法律赋予了复议机关较重的举证责任。若复议机关和原行为机关对原行为的合法性举证不能，即便复议决定的作出程序合法，复议机关也要承担败诉后果。行政复议的主要目的是纠正违法或不当的具体行政行为，此种责任分配也可以督促复议机关合法行使复议职权，以保障管理相对人的合法权益。

119 复议机关在复议阶段收集的证据可否作为证明原行政行为合法的证据?

在复议机关作共同被告的案件中，复议机关在复议阶段收集的证据可以作为证明原行政行为合法的证据。但是对于该问题的理解，需注意新法与旧法的变迁规定。《行政诉讼法司法解释》第一百三十五条第三款规定:“复议机关作共同被告的案件，复议机关在复议程序中依法收集和补充的证据，可以作为人民法院认定复议决定和原行政行为合法的依据。”然而，现行有效的最高人民法院《关于行政诉讼证据若干问题的规定》第六十一条规定:“复议机关在复议程序中收集和补充的证据，或者作出原具体行政行为的行政机关在复议程序中未向复议机关提交的证据，不能作为人民法院认定原具体行政行为合法的依据。”这两个法条看似矛盾，实则并不矛盾。

最高人民法院《关于行政诉讼证据若干问题的规定》第六十一条表明，复议程序中产生的证据不得用以证明原行政行为合法。换言之，复议机关不得为原行政行为的合法性举证。这样规定的基础在于“先取证，后裁决”的行政法理念，即行政机关只有在证据完备的情况下才能作出行政行为，行政机关事后获取的证据不能证明先前行政行为的合法性。但是，上述司法解释是根据 1989 年《行政诉讼法》作出的，当时的法律规定中并无共同被告制度。由此可见，1989 年《行政诉讼法》及相关司法解释，均将原行政行为与复议行为作为两个完全独立的行政行为来认识，故原行政机关与复议机关应只对自己的行为承担相应的责任。因此长期以来，在法律没有规定“共同被告”制度的背景下，且基于“先取证，后裁决”的行政法理念，普遍认为复议机关在复议期间调查取得的证据不能作为作出维持原具体行政行为的根据。2014 年修正的《行政诉讼法》加大了复议机关的责任，且将复议决定与原行政行为作为一个整体来认识。在此情况下，原行政行为已不是原来作出时的状态，而是以复议决定的形式体现出来的原行政行为，原行政行为因所认定的事实、证据或适用规范依据错误导致的不合法问题已经被复议维持决定所修正，故复议机关在复议程序中收集的证据可以被用于证明原行政行为的合法性。复议机关也是先收集证据后作出复议维持决定的，故仍符合“先取证后裁决”原则。《行政诉讼法司法解释》第一百三十五条第三款认可该问题的前提是“复议机关作共同被告”，而最高人民法院《关于行政诉讼证据若干问题的规定》第六十一条则不存在前提范围的限制，因此二者在适用上并不会产生矛盾，这便是新旧法衔接的点睛之处。因此，随着《行政诉讼法》的修订以及《行政诉讼法司法解释》的出台，对该问题的处理，司法实践中也已发生了改变。例如，最高人民法审理的（2018）最高法行申 1701 号一案中，参照该条司法解释规定，最高人民法院认为，复议机关作共同被告的案件，复议机关在复议程序中依法收集和补充的证据，可以作为人民法院认定复议决定和原行政行为合法的依据。因此，在该案中，上饶市政府在行政复议过程中自行收集相关证据，并以此证成原行政行为的合法性，未违反上述法律规定，罗某告认为上饶市政府该行为构成复议程序违法，法院不予认可。

《行政诉讼法司法解释》第一百三十五条体现了复议程序自我纠错的本质，复议的重要功能在于在行政机关内部进行自我纠错。在共同被告的情形下，复议程序是原行政行为的延伸，是整个行政程序的有机组成部分。因此，在共同被告中，复议机关在复议程序中依法收集和补充的证据，可作为证明原行政行为合法性的证据，自然也可作为证明复议决定合法性的证据。

第四章　诉讼调解

一、行政案件调解的再认识

120 行政诉讼案件是否可以调解？

《行政诉讼法》第六十条第一款规定："人民法院审理行政案件，不适用调解。但是，行政赔偿、补偿以及行政机关行使法律、法规规定的自由裁量权的案件可以调解。"因此，行政诉讼案件可以调解，但限于一定的范围。行政诉讼中的调解是指在人民法院的主持下，行政争议双方当事人围绕争议的实体权利义务，通过自愿协商达成协议解决行政争议的活动。最高人民法院在（2018）最高法行申142号案中特别提到，人民法院对行政案件进行调解，不仅适用于一审和二审过程中，在立案、执行以及审查再审申请和再审审理的各个阶段均可随时进行调解。

行政诉讼中的调解与民事诉讼中法院调解优先原则是不同的。我国1989年《行政诉讼法》第五十条规定："人民法院审理行政案件，不适用调解。"这一规定的理论基础在于公权力的不可处分性，即行政机关代表国家实施行政管理，行政机关享有的行政职权，同时属于行政职责，行政机关依法履行行政职责，不得推诿和放弃，因此将行政案件不得调解作为行政诉讼法的原则。2014 年修正的《行政诉讼法》第六十条规定人民法院审理行政案件，不适用调解。但是，行政赔偿、补偿以及行政机关行使法律、法规规定的自由裁量权的案件可以调解，该规定改变了长期以来行政审判实践中法院以协调之名行调解之实的尴尬处境。实际上，《行政诉讼法》虽然保留了行政案件不适用调解的规定，但明确规定了例外情形。

建立行政诉讼调解制度是非常有必要的。首先，《法治政府建设实施纲要（2021—2025 年）》明确要求加强行政调解工作，推进行政调解与人民调解、司法调解有效衔接。其次，行政案件采取调解的方式结案，有利于从源头上化解行政纠纷，妥善处理行政争议。社会矛盾纠纷多元化、复杂化，解决行政争议的手段也应当多样化。最后，人民法院多年来对行政案件调解进行探索和拓展，并在 2008 年出台了最高人民法院《关于行政诉讼撤诉若干问题的规定》，为人民法院在办理行政案件中进行调解及原告撤诉提供了法律依据。实践证明，行政案件的调解不仅能够增加当事人对行政机关的理解与信任，而且有利于实现双方当事人双赢的法律效果和社会效果，符合《行政诉讼法》的立法目的。

121 行政诉讼调解的案件范围有哪些?

《行政诉讼法》第六十条第一款规定:“人民法院审理行政案件,不适用调解。但是,行政赔偿、补偿以及行政机关行使法律、法规规定的自由裁量权的案件可以调解。”这一条款是《行政诉讼法》有关案件调解的明确规定。因为行政自由裁量可以说是行政权能的固有特征,所以行政诉讼案件调解的范围包括行政机关享有自由裁量权的案件类型,可以说几乎覆盖了大部分种类的行政诉讼案件。结合上述规定和相关司法解释的规定,以及人民法院审理案件的实践状况,行政诉讼案件调解的主要种类有以下几种。

(1)行政赔偿、补偿类案件。此类案件涉及赔偿款项或者补偿款项数额的确定,存在可以调解的余地。

(2)行政机关享有自由裁量权的案件。对于行政机关享有自由裁量权的案件,行政机关可以在法定的裁量范围内,依法作出让步,通过改变行政行为的方式,取得原告的认可,实现案件的调解结案。

(3)行政协议类案件。《行政诉讼法》明确将行政协议纳入了行政诉讼的受案范围,同时,行政协议的契约性也为行政诉讼调解中适用行政协议案件提供了法律依据。2019 年 11 月 27 日公布的最高人民法院《关于审理行政协议案件若干问题的规定》第二条,具体列举了行政协议的具体类型,其中包括:政府特许经营协议;土地、房屋等征收征用补偿协议;矿业权等国有自然资源使用权出让协议;政府投资的保障性住房的租赁、买卖等协议等。上述司法解释第二十三条第一款“人民法院审理行政协议案件，可以依法进行调解”的规定，是行政协议类案件可以采取调解方式结案的法律依据。

（4）行政裁决类案件。行政裁决是行政机关根据当事人申请，根据法律法规授权，对与行政管理活动密切相关的民事纠纷进行裁处的行为。现行《土地管理法》《森林法》《草原法》《矿产资源法》等法律，均规定了土地、林地、草原、矿区等自然资源权属民事纠纷的行政裁决职能。行政裁决解决的纠纷性质上仍属于民事纠纷，虽然原告对行政机关作出的行政裁决不服可以提起行政诉讼，但因为民事纠纷中的各方对于行政裁决的标的具有处分权，所以当事人可以请求人民法院对该行政及民事争议一同进行调解，以实现纠纷的实质性解决。

（5）行政不作为案件。原告申请行政机关履行特定职责，而行政机关拒绝履行、拖延履行、不予答复的，行政相对人可以就行政机关不作为向人民法院起诉，请求人民法院判令被告行政机关履行其法定职责。对于此类案件，行政机关完全可以积极履行相应职责，取得原告方的认可，由人民法院通过调解的方式解决纠纷。

（6）行政征收类案件。行政征收是指行政主体凭借国家行政权，根据国家和社会公共利益的需要，依法征集行政相对人财产所有权的一种具体行政行为。行政征收因为涉及金钱补偿，行政补偿机关对是否应当补偿以及补偿数额有裁量的余地，因此对于此种情况下的行政征收可以进行调解处理。

122 行政机关应当如何看待行政诉讼案件的调解？

行政诉讼案件的调解，需要案件的双方当事人在法院的居中主持下，互相体谅，互相让步，就纠纷的解决达成一致意见。综合考虑行政诉讼案件当事人的特点，可以发现行政诉讼案件调解是否成功的关键因素，在于被告行政机关一方。被告行政机关对于行政诉讼案件的调解，应当有正确及科学的认识。

（1）行政诉讼案件的调解不是“和稀泥”。行政诉讼案件的调解，通常需要在原告方、被告方的诉求和反驳之间，尽可能寻找一个双方均可以接受的方案，但行政诉讼案件的调解，并不是毫无原则地“和稀泥”。行政机关不能为调解而调解，而应当着眼于矛盾和纠纷的实质性化解的需要。既要考虑行政管理秩序维护的需要，也要顾及原告合法权益的保护；既要考虑原告的正当诉求，也要考虑其他利害关系相关人的信赖保护。无原则的“和稀泥”式调解，可能一时解决了案件争议，却可能“按下葫芦浮起瓢”，引发其他的争议，背离实质性化解纠纷的调解目的。因此，行政机关在参与人民法院调解过程中，如果出现“和稀泥”式的调解，应当及时向人民法院提出案件调解应当考虑的各种因素，避免留下“案结事不了”的隐患。

（2）行政诉讼案件的调解不是偏袒原告。在行政案件的调解过程中，除了行政赔偿或补偿类案件中，人民法院调解时原告有让步的空间外，多数类型案件的调解，都需要行政机关针对已作出的行政行为进行适当的改变，才可能达成调解的结果。但行政机关改变已作出的行政行为，取得原告的认可，并不是对于原告的任何诉求均须予以满足。调解过程中需要对原告提出的诉求是否合理，被告改变原行政行为需要花费的管理成本加以衡量。从形式上来看，多数案件中行政机关需改变原行政行为，但此做法推进了纠纷的实质性化解，节约了诉讼应诉成本、信访化解成本，调解仍是行政管理成本较低的可选方案。

（3）行政诉讼案件的调解不能违法。调解是行政案件的法定结案方式，调解必须依法调解。在调解过程中，行政机关应当考虑被诉行政行为是否属于可调解的案件类型，在行政自由裁量范围内可退让、可改变的范围有多大，提出的调解方案是否会损害社会公共利益等因素。对于原告提出的诉求，应当考虑是否可以弥补原告遭受的人身或财产损失，涉及第三人的案件中满足原告的诉求是否符合同等情况同等对待的原则等。逾越可调解的案件类型，满足原告缺乏法律依据的诉求，可能造成对公共利益的侵害，应当加以重视。

（4）行政诉讼案件的调解是行政机关应当追求的最好结案方式。行政诉讼采取调解的方式结案，具体的司法文书既可能体现为行政调解书，也可能体现为被告改变原行政行为，原告申请撤诉。但相当部分案件中被诉行政行为可能存在瑕疵，如果被人民法院判决撤销或者确认违法，对被告行政机关而言可能成为败诉的案件，还可能需要重新作为导致行政资源的浪费，因此，被告行政机关对于行政诉讼案件的调解应当配合人民法院，积极参与，促成案件调解。

二、行政案件调解的范围与突破

123 对于涉及第三人的案件，行政机关如何参与调解？

根据《行政诉讼法》第二十九条、《行政诉讼法司法解释》第三十条的规定，行政诉讼第三人是指与被诉具体行政行为有利害关系，以自己的名义申请参加或应人民法院通知参加到行政诉讼中的原、被告以外的公民、法人或者其他组织。行政诉讼中的第三人，既可能是和原告方利益一致但不愿提起诉讼的诉讼参与人，也可能是和被告方利益一致的利害关系人，例如接受被告行政机关委托从事公务的事业单位，或者原本就应当属于被告，但原告不同意列为被告的行政机关，还可能是和原告存在利益冲突，涉及自身利益又具有独立性的诉讼参与人。无论行政诉讼第三人基于何种原因参与到诉讼中来，行政机关参与涉及第三人的诉讼调解时，应当注意以下事项。

（1）如果第三人是和原告存在利益冲突的一方，行政机关出具调解方案时，应当征求第三人的意见。因为第三人和原告方存在利益冲突的话，行政机关出具的调解方案如果满足了原告的利益诉求，可能导致第三人的利益受损。例如，在行政裁决类案件中，行政机关如果针对裁决的事项出具调解方案，必然会涉及原告和第三人权益之间的协调和处置，调解时必须有第三人的实质性参与，调解方案必须征求第三人的意见。又如，原告投诉第三人违法建设影响己方利益的，行政机关出具调解方案时，同样需要协调第三人的意愿，这样才能确保纠纷的实质性化解。

（2）如果和原告方利益一致的第三人参与诉讼，行政机关出具调解方案时，一般情况下仅需考虑原告的诉求即可。如果第三人在调解过程中同样提出了己方的调解意愿，人民法院可能采取一并解决的方式，行政机关亦应当考虑人民法院的建议。与原告利益一致的第三人，往往和原告之间在案件诉讼中属于利益共同体，尽管可能存在潜在的利益分配关系，但为了首先争取涉案的不动产权益，在案件诉讼中仍可能求同存异，形成一致的调解意愿。例如，原告针对行政机关作出的不动产登记行为提起诉讼，就涉案不动产享有权益的其他权利人作为第三人参与诉讼，原告和第三人在诉讼中的共同利益是争取涉案的不动产权益，当案涉不动产的权益经诉讼确认归原告和第三人一方时，原告和第三人可能因涉案不动产权益的分配再次发生争议。

（3）如果第三人是和被告利益一致的诉讼参与人，被告出具调解方案时，应当在职权法定的前提下，准确厘清责任，在调解方案中确定由不同的义务主体承担不同的职责。例如，在行政强制拆除纠纷案件中，实施拆除的主体既可能是行政机关，也可能并非行政机关。非行政机关接受行政机关的委托实施拆除的，委托的行政机关应当承担违法拆除的责任。对于具体实施拆除的行政机关或非行政机关，以及处于委托方或者组织方的行政机关，在原告、被告和第三人参与调解的过程中，应当查明违法实施行政强制拆除的主体及原因，或者由组织方承担指挥不当，缺乏法律依据等责任，或者由具体实施强制拆除的单位承担拆除方式不当、强制拆除程序违法等责任。避免调解方案的简单化处理，避免纵容违法拆除主体的违法行为。

124 人民法院对行政诉讼案件的调解有何倾向？

人民法院审理行政诉讼案件，不仅在立案环节设置了审前调解程序或者速裁程序，而且不少地方人民法院和当地的司法行政部门联合成立了诉前联调机构，着力推进案件的调解工作。行政机关应当充分了解人民法院调解行政诉讼案件的案件类型和倾向，预判人民法院调解的方向，力促尽快案结事了。

（1）涉及行政赔偿和补偿类的案件，人民法院可能建议行政机关尽可能增加赔偿或者补偿的数额。在行政赔偿或补偿类案件中，行政机关作为支付赔偿款或补偿款的义务方，有调整款项数额的空间，而原告提出的赔偿或者补偿数额，一般是在依法评估或计算的基础上确定的，调整的余地不大。当然，如果原告提出的赔偿或者补偿数额事实依据不足，则行政机关应当据理反驳，利用举证技巧和证据优势，依法降低原告对赔偿或补偿数额的心理预期。

（2）涉及第三人的案件，人民法院可能建议原告和第三人达成和解或赔偿协议。涉及第三人的案件，多数情况下第三人属于原告的利益冲突方。例如，工伤认定类案件中，如果需要用人单位承担工伤保险责任，原告和第三人之间的冲突一般是受伤职工和用人单位之间的利益纠纷。人民法院调解工作的重点将是协调受伤职工和用人单位之间的调解意愿，当然也需要行政机关的配合。

（3）涉及存在瑕疵行政行为的案件，人民法院可向原告做好释明工作后建议其撤诉。被诉行政行为仅存在瑕疵时，如果判决撤销，可能需要行政机关重新作出行政行为，还有可能再次引发诉讼，造成行政资源和司法资源的浪费。人民法院调解工作的重点可能是对原告充分释明案件最终的走向，要求被告对存在的瑕疵进行补正，建议原告撤回起诉或者上诉。

（4）涉及行政机关不作为的案件，人民法院可建议行政机关积极履行法定职责。在行政不作为类案件中，除了部分案件存在原告的起诉缺乏事实依据，被告并无相应的作为义务之外，在被告负有相应的作为义务时，人民法院可能要求被告依法作出相应的行政行为，然后由原告撤回起诉或者上诉。例如，原告向被告提出投诉，被告未在法定的期限内作出答复，原告不服提起诉讼。人民法院可能建议被告针对原告的投诉及时作出答复，然后原告撤回起诉或者上诉后案结事了。

被告行政机关应当对不同类型案件中人民法院的调解倾向，积极作出配合和反应，才能高效解决案件纠纷。如果行政机关一味坚持，导致原告和被告的情绪对立压缩了案件的调解空间，人民法院可能不得不判决被告败诉，将矛盾的解决重新交给行政机关，造成行政资源的浪费，这应该是行政机关和司法机关都不愿看到的结果。

三、行政案件调解意愿的表达

125 被告在行政诉讼调解过程中应当注意哪些事项?

行政诉讼中的调解是行政争议多元化解的途径之一，人民法院和被告行政机关在多元化解行政纠纷的过程中，必须依法保护行政相对人和利害关系人的合法权益，不得以牺牲行政相对人合法权益为代价，让争议暂时得到平息；同时，行政相对方没有合法权益损失事实发生，或者合法权益损失并非行政行为造成的，人民法院和被告行政机关亦不得以多元化解行政争议为由，大慷国家之慨，给予行政相对人不应当得到的法外利益，损害国家利益、公共利益或者他人合法权益。

具体而言，行政机关在行政诉讼调解过程中应当注意以下几点：

第一，遵循自愿、合法原则。调解是终结诉讼、解决纠纷的重要手段，合法成立后具有实质上的法律效力。依法调解能保护公民、法人和其他组织的合法权益，还能监督和促进行政机关依法行政。如果行政相对人愿意调解，行政机关应当积极配合，尊重行政相对人的意思，促进争议化解。

第二，应当注意调解不能超越法定职权。行政主体的行政职权是国家赋予它的以实现管理国家为目的权力，是公权，不允许任意处分，被处分或放弃的权利限定在法定权限范围内。

行政机关只有在不违背法律的禁止性规定，不损害国家、集体和他人利益的前提下才可适用调解解决纠纷。

第三，充分认识到调解是解决纠纷的途径之一，而不是唯一途径。调解不论是在审前还是审判中，坚持能调则调、当判则判、调判结合、案结事了的原则，妥善解决行政纠纷。而且调解不仅限于一审程序，在二审、再审，包括执行程序中，都可以适用调解。当然，如果一直无法达成调解协议，不应当"久拖不决"，而应当及时作出裁判。

126 被告在行政诉讼中如何配合人民法院的调解工作?

行政诉讼中的调解，需要各方当事人的共同配合。被告行政机关多数情况下作为履行义务的一方，在行政诉讼调解中对人民法院调解工作的配合度，更是案件调解成败的关键。人民法院对诉讼案件进行调解，无论是为了实现行政管理的社会效果，还是为了原告合法利益的最大化，最终目的均是个体利益和公共利益的协调发展，确保行政管理效果的实现，因此行政机关对于人民法院的调解工作，首先不能有抵触情绪，而应当积极予以配合。被告行政机关对行政诉讼调解的配合，可以分为行政机关内部调解意见的形成、诉讼中调解意见的表达、诉讼后履行调解书义务 3 个阶段。

行政机关在内部调解意见形成的阶段，要首先从原告处或者人民法院了解原告调解的意愿及接受调解的底线。通过事先了解到的调解信息，在依法调解、自由裁量范围相结合的基础上，在行政机关内部首先形成初步的调解方案。在制订调解方案的过程中，行政机关可以通过书记员、案件经办法官或者合议庭审判长和人民法院时刻保持沟通，及时了解原告的调解意愿和要求，在人民法院的建议下，再行调整调解方案。调解方案形成后，行政机关内部要对出庭应诉的法定代表人和委托代理人进行清晰明确的授权，允许其在诉讼中表达调解意见。

行政机关在诉讼阶段，应当听从人民法院的指挥和建议。人民法院在调解过程中，需要不断和原告及被告进行多轮沟通。人民法院和原告、被告的沟通既可能是双方均在场的情况下居中调解，在调解前期也可能采取“背靠背”的方式，分别征求双方的调解意见。诉讼调解工作的进展情况可能会不断发生变化，人民法院给出的调解建议和事先拟订的调解方案不一致，又无法在行政机关事先授权的范围内当场决定的，应当尽快返回内部决策流程，不能拖延以致丧失调解的机会。

行政机关在诉讼调解成功后，应当根据调解书的内容，积极履行自己的义务，避免案结事不了。如果行政机关不履行调解书中的义务，原告可以向人民法院申请执行。人民法院一旦采取执行措施，可能对行政机关的负责人进行罚款，或者向监察机关提出依法处理被告的司法建议。

第五章　总结陈述与庭后补充

一、最后陈述与总结

127 行政机关负责人如何发表总结陈述意见?

行政诉讼中除了委托代理人出庭应诉之外，专门设置了负责人出庭应诉的制度。行政机关负责人出庭应诉应当承担哪些应诉职责，《行政诉讼法》并未专门予以明确。根据最高人民法院《关于行政机关负责人出庭应诉若干问题的规定》第十一条第二款、第三款“行政机关负责人或者行政机关委托的相应工作人员在庭审过程中应当就案件情况进行陈述、答辩、提交证据、辩论、发表最后意见，对所依据的规范性文件进行解释说明。行政机关负责人出庭应诉的，应当就实质性解决行政争议发表意见”的规定，行政机关负责人出庭应诉的职责，大体上和委托代理人的职责相同。但多数情况下，行政机关负责人和委托代理人出庭应诉时，委托代理人对于案件的事实和法律适用更为熟悉和了解，因此，一般二者有大体的分工。委托代理人主要负责案件事实和法律适用方面的具体答辩，负责人则在最后总结陈述意见的环节发表意见。行政机关负责人应当如何发表总结陈述意见呢?

第一，行政机关负责人发表总结陈述意见，应当针对原告的诉求作出正面的回应。负责人参与了诉讼案件的前期研判和庭审全过程，对于案件的争议焦点，原告的主要诉求，案件发展的最终走向，应当已经有了大致的了解。负责人在发表总结陈述意见时，应当针对原告的主要诉求作出正面的回应，不回避问题，不隔靴搔痒，表明行政机关的立场和态度，以及在自由裁量权范围内可能作出的让步。既不能生硬地拒绝原告的诉求，也不能一味“和稀泥”，偏离依法行政的界限。

第二，行政机关负责人发表总结陈述意见，应当争取原告的理解。负责人发表总结陈述意见，应当以平等的当事人的心态，设身处地从原告的处境发表意见。既不能以一副高高在上的态度对原告说教，也不能以一种置身事外的姿态将原告拒之千里，而是要在充分理解原告诉求的基础上，争取原告对被告的理解，缓解官民矛盾，争取纠纷的圆满解决。

第三，行政机关负责人发表总结陈述意见，应当力争促成案件争议的实质性化解。负责人出庭应诉的主要功能之一，就是要在充分了解案件事实的基础上，为案件的行政争议实质性化解寻找一条出路。负责人基于行政机关决策者的角色，对实质性化解行政争议应当从更高的层次，提出更有效的解决方案，力争促成争议更有效的解决方案。负责人提出的实质性化解争议的方案，既可以向原告表达出解决争议的诚意，又可以提供给人民法院作为案件裁决的参考。

行政机关负责人发表总结陈述意见的作用，不仅在于对案件庭审被告方意见的总结，而且在于能够在和原告求同存异的基础上，达成最大的共识，争取纠纷的化解，立足于本案，又不满足于本案，争取通过解决一个案件，化解一类问题，实现解决争议的法律效果和社会效果的统一。

128 行政机关委托代理人如何发表总结陈述意见？

行政诉讼的正式开庭一般分为法庭调查、法庭辩论、总结陈述3个阶段。主持行政诉讼案件开庭的法官会在法庭调查阶段，总结提炼案件的争议焦点。案件经过法庭调查和法庭辩论阶段，原、被告双方针对案件的争议焦点，已经充分发表了各方的意见。在总结陈述阶段，行政机关的委托代理人发表总结陈述意见，应当注意以下几点。

一是发表意见要紧紧围绕法官总结的案件争议焦点。法官总结案件争议焦点是对案件的全面审查，开庭的主要任务就是对争议焦点进行调查及澄清，争议焦点是庭审的提纲。因此，委托代理人在总结陈述阶段，仍需要紧紧围绕案件的争议焦点发表己方的总结意见。但围绕庭审焦点发表意见，不是简单地重复在事先已提交的答辩状的内容。被告事先向人民法院提交的答辩状中已经充分陈述的内容，简单概括即可。

二是发表意见要及时回应庭审中原告提出的新的诉讼主张。原告在诉讼中参与庭审，专门搞证据突袭也好，起诉时遗漏了诉讼主张也好，在诉讼过程中，可能会提出新的诉讼主张和诉讼理由。被告通过庭审了解到原告提出的新的诉讼主张后，应当在总结陈述意见中及时作出回应。当然，对于原告提出的新的诉讼主张和诉讼理由的回应，仍应当紧扣庭审的争议焦点来分析，分析原告提出的主张和理由是否和案件存在关联，以确定是否需要回应。

三是发表总结陈述意见时，如果案件存在程序性事项，需要重点强调。程序性事项包括原告的被诉行政行为缺乏利害关系、原告起诉超过起诉期限、原告起诉的被告不适格、被诉行为不属于行政诉讼的受案范围、行政争议应当先经复议而未复议、原告诉求应当先经行政处理而未经处理等情形。如果原告的起诉中存在程序性问题，被告委托代理人一定要在总结陈述阶段提示法庭注意。

四是要在总结陈述意见中发表对案件裁案结果的期待。已方作出的行政行为事实清楚，法律适用正确，程序合法的，可以建议人民法院判决驳回原告的诉讼请求。原告的起诉存在缺乏利害关系、超过起诉期限、被告错误等程序性的问题的，可以建议人民法院驳回原告的起诉。当然，案件存在协调和解的可能性时，委托代理人在总结陈述意见中需要表达行政机关的初步协调和解意见，争取原告的理解。

总体上，委托代理人在总结陈述阶段，要把握简明扼要、避免重复的原则，既不长篇大论，也不能遗漏重点内容，充分表达已方的庭审意见。

二、庭后补充内容

129 庭后提交的代理词如何写作?

代理词是诉讼代理人在法律规定或者当事人授予的权限范围内，在法庭庭审过程中为维护当事人的利益，就案件的事实和法律适用等问题发表意见，以此为基础所形成的诉讼文书。相比起诉状、质证意见等其他诉讼文书，代理词并非人民法院审理案件必要的法律文书，但代理词能够对庭审中的己方意见作进一步的梳理，对于庭审中的重要问题充分阐述，引起法官的注意，以及诉讼的圆满解决，同样具有非常重要的作用。因此，在行政诉讼中，委托代理人写好一份代理词，说服法官，十分重要。

一篇优秀的代理词应该具有相应的客观标准和必备要素。实践中，代理词相较于起诉状和答辩状，在写作形式上更灵活，没有统一的格式，但仍应当注重下列问题。

第一，代理词格式、排版美观。行文格式和排版要规范美观，这里更多是形式要求，字体、字号、字间距、行间距、标点符号的应用等要统一、规范。法院法官工作繁忙，如果提交的代理词格式混乱，很难让人产生阅读兴趣，可能法官和合议庭人员根本不会仔细阅读，诉讼代理人提交的代理词也就完全失去了效用。

第二，代理词的观点要明确，方便法官识别。表达观点应按照“问题＋观点＋论证＋总结”的结构行文，清晰直接。不要让法官在代理词中“找答案”，甚至需要法官在阅读过程中去寻找被告的观点，可能法官在阅读中途就放弃了。

第三，行政诉讼中的代理词不仅要重申行政机关在庭审中的诉讼理由和反驳意见，而且要针对原告在庭审过程中提出的新的诉讼理由作出回应，并且需要将庭审中发表的意见进一步梳理。委托代理人在庭审过程中，可能发表的部分意见逻辑性有所欠缺，同样需要在庭后的代理词中将庭审中的意见系统化，增强说服力。

第四，行政诉讼中的代理词必须在庭审后及时提交。代理词的主要功能是梳理庭审中己方的诉讼意见，因此必须在庭审结束后尽快整理撰写。一方面，人民法院可能很快审结案件；另一方面，拖延太久可能委托代理人会遗忘庭审中的部分主张，导致代理词的内容不全，无法弥补庭审意见的欠缺。

因此，委托代理人庭后提交的代理词，不仅要对案件事实进行全面的分析，还要在全面分析事实的基础上建立己方的观点、驳斥对方的观点，要努力把案件事实和法律规定有机地结合起来，力争做到动之以情、晓之以理，说服法官采纳己方的意见。

130 被告行政机关庭后需要补充哪些材料？

根据最高人民法院《关于行政诉讼证据若干问题的规定》第一条第一款“根据行政诉讼法第三十二条和第四十三条的规

定，被告对作出的具体行政行为负有举证责任，应当在收到起诉状副本之日起十日内，提供据以作出被诉具体行政行为的全部证据和所依据的规范性文件。被告不提供或者无正当理由逾期提供证据的，视为被诉具体行政行为没有相应的证据”的规定，一般情况下，被告在行政诉讼中遵循举证期限的要求，已经在开庭前提交了证据相关的规范性文件。那么在庭审完毕后，行政机关是否还需要向人民法院补充材料呢？

首先，原告在开庭时可能提出新的理由和证据。被告行政机关根据《行政诉讼法》第三十六条第二款“原告或者第三人提出了其在行政处理程序中没有提出的理由或者证据的，经人民法院准许，被告可以补充证据”的规定，被告在庭后可能需要补充新的证据材料。

其次，根据《行政诉讼法》第三十九条“人民法院有权要求当事人提供或者补充证据”的规定，人民法院有时可能向行政机关调取证据，行政机关需要根据人民法院的要求，及时提交相应的证据材料，尤其是涉及公共利益或他人利益，或者涉及案件程序性问题的材料。

最后，被告行政机关在庭审中出于证据补强的目的需要补充材料时，被告行政机关应当及时在庭后补充相应的材料。如果超过举证期限人民法院不予采纳，仍可以提交给人民法院作为审理案件的参考。

被告行政机关不能抱着开完庭只需要等着法院裁判就可以了的心态，而需要对庭审过程中己方的答辩意见查漏补缺，不断完善被告的答辩意见及诉讼理由，争取达到解决案件争议的理想效果。

第六章　上　　诉

一、上诉准备

131 哪些情形下行政机关需要上诉?

行政诉讼一审败诉后，行政机关可以提起上诉，但行政机关作为行使行政职权、管理社会的职能部门，提起上诉占用的是同属社会公共资源的行政资源和司法资源。行政机关败诉后是否一定要提起上诉，应当视个案情形而定。败诉的行政机关应主动履行人民法院作出的生效裁判，及时纠正自己的违法行为，尽快协调化解行政争议，并以此树立法治思维和法治意识，杜绝违法行为的再次发生，而不应执着于司法诉讼程序，如行政机关在没有新的事实和证据等情况下，仍坚持上诉和申请再审，其行为将进一步扩大国家的财产损失。长此以往，既不利于化解行政争议，又浪费司法资源，不利于维护行政机关的良好形象和行政相对人的合法权益，因此，行政机关一审败诉后，除非出现新的事实或证据，并不建议上诉。但行政机关败诉，意味着司法裁判对行政机关作出的被诉行政行为的否定，进而可能影响到行政机关的后续执法行为或者涉及重大公益，此时，行政机关在个案中有时积极上诉仍是必要的。

一是如果行政机关败诉的案件涉及行政执法模式或者惯例的改变，行政机关应当积极提起上诉。行政机关执法，不仅需要遵循现行有效的法律法规，而且在部分执法领域法律规定可操作性欠缺的情况下，要遵循行政机关长期以来已经探索出的管理有效的行政执法的模式或者惯例。一旦行政执法的惯例在败诉的案件中被人民法院否定，可能使行政机关在今后的执法中无可适从。行政机关在这种情况下，应当积极提起上诉，向二审法院充分陈述己方的上诉观点和理由，争取得到二审法院的支持。

二是如果行政诉讼案件涉及赔偿或者补偿问题，而裁判的事实认定不清时，行政机关应当积极提起上诉。行政机关败诉的案件涉及行政补偿或者行政赔偿时，用于支付的款项均来自公共财政。如果一审裁判认定事实不清，判决行政机关败诉并承担补偿或者赔偿责任，可能造成公共财政的额外支出。行政机关应当积极提起上诉，争取二审改判，维护公共财产的安全。

三是如果行政诉讼案件涉及重大公共利益，行政机关败诉可能导致重大公共利益受损时，行政机关应当积极提起上诉。根据《行政诉讼法》第七十四条第一款“行政行为有下列情形之一的，人民法院判决确认违法，但不撤销行政行为：（一）行政行为依法应当撤销，但撤销会给国家利益、社会公共利益造成重大损害的……”的规定，在撤销被诉行政行为会造成国家利益、公共利益遭受重大损害时，人民法院应当确认被诉行政行为违法，保留被诉行政行为的效力，以避免行政资源浪费。如果一审判决撤销被诉行政行为，影响国家利益或者社会公共利益时，行政机关应当积极上诉，维护国家利益和社会公共利益的安全。

除上述情形外，作为被告的行政机关如果仅出于担心被追究行政执法责任，或者纯粹走完司法程序等因素考虑提起上诉，都可能造成行政资源和司法资源的浪费，也不利于行政争议化解的高效率。

132 行政机关应当向哪个法院提交上诉状？

根据《行政诉讼法》第八十五条“当事人不服人民法院第一审判决的，有权在判决书送达之日起十五日内向上一级人民法院提起上诉。当事人不服人民法院第一审裁定的，有权在裁定书送达之日起十日内向上一级人民法院提起上诉。逾期不提起上诉的，人民法院的第一审判决或者裁定发生法律效力”的规定，行政机关不服第一审判决的，应当向判决法院的上一级法院提起上诉。但在具体的司法实践中，当事人上诉时递交上诉状应当如何操作，《行政诉讼法》中并未明确，《行政诉讼法司法解释》第一百零八条虽然也涉及递交上诉状的问题，但指引仍不够明确。《行政诉讼法司法解释》第一百零八条第二款规定：“原审人民法院收到上诉状，应当在五日内将上诉状副本发送其他当事人，对方当事人应当在收到上诉状副本之日起十五日内提出答辩状。”该条款的立法目的是给原审法院收到上诉状后如何处理提供指引，并未明确上诉状具体应当如何提交。

行政机关具体应当向哪个法院提交上诉状，可以参考《民事诉讼法》的有关规定。《民事诉讼法》第一百七十三条规定，“上诉状应当通过原审人民法院提出，并按照对方当事人或者代表人的人数提出副本。当事人直接向第二审人民法院上诉的，第二审人民法院应当在五日内将上诉状移交原审人民法院”。民事诉讼中关于上诉状如何提交，有关规定非常清晰。行政机关参照民事诉讼提交上诉状的规范，应当向原审法院提交上诉状，由原审法院附上相关材料后，再向二审法院移交。即使当事人直接向二审法院提交了上诉状，上级法院也会将上诉状再移交给下级法院。实际上，行政机关在收到一审案件裁判文书时，完整的一审裁判文书也会在判决书的末尾，告知行政机关如果不服判决，可以向原审法院递交上诉状。

也就是说，行政机关不服原审判决，虽然是向上一级法院提起上诉，但上诉状首先需要递交给原审法院。原因在于上级法院审理二审案件，必须以一审法院的案件卷宗材料作为了解案情的基础，原审法院收到上诉状后，可以把一审案件的卷宗和上诉状一并转交给上级法院，避免上诉状和一审案件卷宗分处不同法院，并且在移交后还存在材料归并的工作，容易造成工作疏漏。行政机关如果因为不了解上诉流程，把上诉状误提交给了上级法院，上级法院会把上诉状再移交给原审法院，由原审法院在移交一审案卷时一并再移交，反而会耽误上诉的时间和效率。

133 行政机关提起上诉有哪些程序要求？

行政机关不服原审判决，可以向上一级法院提起上诉。行政机关提起上诉，并不仅仅是一个递交上诉状的步骤，还需要遵循以下几个程序的要求。

一是行政机关提起上诉应当注意上诉期限的限制。《行政诉讼法》第八十五条规定，“当事人不服人民法院第一审判决的，有权在判决书送达之日起十五日内向上一级人民法院提起上诉。当事人不服人民法院第一审裁定的，有权在裁定书送达之日起十日内向上一级人民法院提起上诉。逾期不提起上诉的，人民法院的第一审判决或者裁定发生法律效力”。由此可见，行政机关提起上诉，需要根据裁判文书的类型，选择适用不同的上诉期限。一审以判决书形式结案的，应当在收到判决书之日起 15 日内提起上诉。一审以裁定书形式结案的，应当在收到裁定书之日起 10 日内提起上诉。

二是提起上诉要按照规定准备好上诉状副本。根据《行政诉讼法司法解释》第一百零八条第一款“当事人提出上诉，应当按照其他当事人或者诉讼代表人的人数提出上诉状副本”的规定，上诉状副本需要根据当事人的数量备齐。另外，还需要多准备若干份，需要留给开庭的合议庭法官（一般为 3 名），每一位委托代理人手中同样需要上诉状副本。

三是注意按照人民法院发送的上诉指引，及时缴纳诉讼费。根据《诉讼费用交纳办法》第二十二条第二款“上诉案件的案件受理费由上诉人向人民法院提交上诉状时预交。双方当事人都提起上诉的，分别预交。上诉人在上诉期内未预交诉讼费用的，人民法院应当通知其在7日内预交”的规定，当事人提交上诉材料后，一审法院会发送诉讼费缴纳通知书，在收到缴纳通知书时应立即缴纳二审案件受理费。逾期不缴纳诉讼费的，将按照撤回上诉处理。

行政机关提起上诉，必须履行上述程序后，才能确保己方的上诉顺利二审立案。

二、上诉审查

134 如何确定人民法院上诉审查的范围？

《行政诉讼法》第八十七条规定：“人民法院审理上诉案件，应当对原审人民法院的判决、裁定和被诉行政行为进行全面审查。”由此可见，人民法院审理上诉案件，除了要审查一审判决是否正确以外，还需要对被诉行政行为一并进行审查。另外，根据《行政诉讼法》第七十九条“复议机关与作出原行政行为的行政机关为共同被告的案件，人民法院应当对复议决定和原行政行为一并作出裁判”的规定，案件涉及行政复议行为的，被诉行政行为和复议行为均应当作为审查对象，人民法院在二审阶段同样需要对被诉复议决定进行审查。

人民法院审查上诉案件，除了确定审查对象之外，还需要确定审查的广度。根据《行政诉讼法》第六条“人民法院审理行政案件，对行政行为是否合法进行审查”的规定，人民法院审查被诉行政行为，主要审查其合法性。合法性的审查需要从被诉行政行为的事实和证据是否充分、适用法律是否正确、是否符合法定程序的角度进行审查。除了合法性审查之外，人民法院还需要审查被诉行政行为的合理性。合理性审查需要从被诉行政行为是否适当、是否符合比例原则、是否给原告造成的损害最小等多个角度进行审查。

人民法院审查上诉案件，还需要确定审查的强度。二审法院需要全面审查一审判决是否合法。不仅要审查一审判决的实体判决结果是否正确，而且要审查一审判决是否违反法定程序，对于严重违反法定程序的，也需要撤销一审判决，发回一审法院重新审理。二审法院针对被诉行政行为的审查，则需要遵守和一审程序中人民法院对被诉行政行为的审查强度相同的力度。在需要撤销、变更或者确认被诉行政行为违法时，需要注意避免过度干预行政权的行使。

135 行政诉讼二审裁判有哪些类型?

《行政诉讼法》第八十九条第一款规定：“人民法院审理上诉案件，按照下列情形，分别处理：(一) 原判决、裁定认定事实清楚，适用法律、法规正确的，判决或者裁定驳回上诉，维持原判决、裁定；(二) 原判决、裁定认定事实错误或者适用法律、法规错误的，依法改判、撤销或者变更；(三) 原判决认定基本事实不清、证据不足的，发回原审人民法院重审，或者查清事实后改判；（四）原判决遗漏当事人或者违法缺席判决等严重违反法定程序的，裁定撤销原判决，发回原审人民法院重审。”据此，行政诉讼二审裁判主要裁判类型有维持判决、撤销判决、变更判决、发回重审裁定等类型。

另外，根据《行政诉讼法》第八十七条“人民法院审理上诉案件，应当对原审人民法院的判决、裁定和被诉行政行为进行全面审查”的规定，行政诉讼二审还必须对被诉行政行为进行审查。因此，一审法院针对被诉行政行为的合法性和合理性作出的裁判类型，二审裁判均有可能涉及。所以，二审裁判类型除了上述针对一审裁判结果作出裁判外，针对被诉行政行为还可能涉及驳回诉讼请求判决、确认违法判决、撤销判决、变更判决、责令重作判决、裁定驳回起诉等裁判类型。

136 行政机关撤回上诉会产生何种结果?

在部分案件中，由于被告在一审中败诉，不服一审裁判结果，向二审法院提起上诉。上诉是当事人的权利，被告行政机关可以提起上诉，在二审程序中成为上诉人。当然，作为上诉人的行政机关也可以自行处分上诉权利，出于某种考虑，在二审诉讼中撤回上诉。行政机关撤回上诉，会产生以下几种结果。

第一，行政机关撤回上诉，意味着服从一审判决的结果，一审裁判自二审法院发出准予撤回上诉的裁定后，将马上发生法律效力。

第二，如果一审裁判中，要求被告行政机关履行相应的义务，行政机关撤诉后一审裁判生效，则被行政机关应当履行一审裁判中确定的其应当履行的法律义务。

第三，如果在一审裁判中要求行政机关履行相应的法定义务而行政机关未按照一审法院的判决履行，一审原告因此获得向人民法院申请执行的权利。

当然，一般情况下，行政机关在二审阶段撤回上诉，是因为愿意服从一审判决，或者由于案件的调解和解取得了进展，所以才决定撤诉，其应当对于撤诉后案件纠纷的下一步发展有充分的心理预期，提早妥善安排相关的工作部署。

137 行政机关和原告在二审阶段和解，法院如何处理？

在行政诉讼中，作为被告的行政机关和作为原告的公民、法人或者其他组织，属于案件的当事人，双方均有权选择自行和解，不再继续进行诉讼。诉讼程序结束后，人民法院会如何处理呢？

行政机关和原告在一审阶段和解后，一般情况下，由原告提交撤诉申请书，人民法院裁定准予撤诉。根据《行政诉讼法司法解释》第八十六条第五款“当事人自行和解或者调解达成协议后，请求人民法院按照和解协议或者调解协议的内容制作判决书的，人民法院不予准许”的规定，在一次和解案件中，有时原告出于对被告的不信任，尽管案件经和解或调解已经达成了一致意见，但仍要求人民法院制作判决书，将和解或调解的内容记录下来。虽然和解和调解是当事人的权利，但是否需要发出判决书，则属于审判职能的范畴。因此，行政诉讼当事人已经达成和解或者调解意见时，人民法院不会再发出行政判决书。在二审期间，行政诉讼当事人达成和解后，因为存在已审结的一审案件的裁判文书的效力如何处置的问题，因此二审期间行政机关和原告达成和解后，人民法院应当如何处理具有一定的特殊性。

行政机关和原告在二审期间自行和解后，既可能由上诉人撤回上诉，也有可能由原告直接撤回起诉。这种情况下，人民法院应当如何处理，在目前的《行政诉讼法》中并无相关规定。但可以参照最高人民法院《关于行政诉讼撤诉若干问题的规定》第八条第二款“准许撤回上诉或者再审申请的裁定可以载明行政机关改变被诉具体行政行为的主要内容及履行情况，并可以根据案件具体情况，在裁定理由中明确被诉具体行政行为或者原裁判全部或者部分不再执行”的规定，行政机关和原告在二审阶段达成和解协议的，上诉人向人民法院申请撤回上诉，人民法院经审查准予撤回上诉的，在准予撤回上诉的裁定书中，人民法院会载明一审判决是否需要执行或部分执行。

138 当事人提起上诉后行政行为是否可以强制执行？

行政机关制作的行政法律文书中，通常在行政法律文书的结尾告知行政相对人诉权诉期的同时，会注明“提起行政诉讼复议或诉讼期间不停止本决定的执行”的教示义务。如果复议和诉讼不停止执行，行政法律文书的法律效果已经实现，原告提起复议或者诉讼的意义和作用可能大打折扣。那么，在当事人提起上诉之后，行政机关作出的行政行为可以继续执行吗?

事实上，行政机关作出的行政管理行为，基于管理的连续性，在复议和诉讼期间仍旧不应当停止执行，即“不停止执行原则”。如果需要停止执行，需要遵循《行政诉讼法》规定的例外情形。《行政诉讼法》第五十六条第一款规定：“诉讼期间，不停止行政行为的执行。但有下列情形之一的，裁定停止执行：(一) 被告认为需要停止执行的；(二) 原告或者利害关系人申请停止执行，人民法院认为该行政行为的执行会造成难以弥补的损失，并且停止执行不损害国家利益、社会公共利益的；(三) 人民法院认为该行政行为的执行会给国家利益、社会公共利益造成重大损害的；(四) 法律、法规规定停止执行的。”该条款规定的目的同样贯彻了“不停止执行为原则，停止执行为例外”立法精神。

“不停止执行”虽然是原则，但是大部分行政机关自身并无行政强制执行权，行政机关作出的行政行为必须向人民法院申请强制执行才能实现。如果继续贯彻“不停止执行”的原则，就会造成人民法院一边在审理当事人的上诉案件，以判断被诉行政行为是否合法，另一边对于行政机关申请非诉执行又准予执行，这就面临作为执行依据的被诉行政行为的合法性审查程序尚未结束的情况下，人民法院已经裁定对被诉行政法律文书准予执行，将导致人民法院陷入两难的境地。因此，在当事人提起上诉之后，如果行政机关启动行政非诉执行程序，申请人民法院强制执行，人民法院将不予准许，事实上也就导致了行政行为的停止执行。但是，行政机关自己具有相应的强制执行权的，排除法定必须停止执行的情形以外，行政机关可以自行强制执行。

第七章　申 请 再 审

一、申请再审准备

139 哪些情形下行政机关需要申请再审?

根据《行政诉讼法》第九十条“当事人对已经发生法律效力的判决、裁定，认为确有错误的，可以向上一级人民法院申请再审，但判决、裁定不停止执行”的规定，行政诉讼的当事人或者其他利害关系人认为已生效的裁判确有错误的，有权向作出生效裁判的人民法院的上一级法院申请再审。行政机关申请再审是申请人的法定权利。行政机关作为行政诉讼案件的当事人，如果认为已生效判决、裁定确实有错误，同样享有申请再审的权利。

一是已生效裁判可能改变行政机关执法惯例的情形。行政机关依法行政所依据的不仅是现行有效额法律法规，还可能是执法实践中无法可依时形成的执法惯例。如果已生效裁判改变行政机关的执法惯例，可能导致行政执法成本的增加，行政机关应当及时提起再审申请。

二是已生效裁判判决要求行政机关承担赔偿责任事实依据不足的情形。生效裁判要求行政机关承担赔偿责任，如果赔偿的依据不足，可能造成国库财产的过度支出。行政机关负有维护公共利益的职责，不能放任国库财产的不当支出，应当积极对已生效裁判申请再审。

三是已生效裁判要求行政机关履行的义务不具有可执行性的情形。如果已生效裁判课以行政机关的职责和义务无法执行，行政机关应当申请再审，否则可能造成拒不执行生效裁判的后果。

除此以外，行政机关应当从诉讼经济的角度考虑，尽可能尊重生效裁判，切实履行生效判决所确定的行政义务。

140 行政机关应当向哪一级法院申请再审？

根据《行政诉讼法》第九十条“当事人对已经发生法律效力的判决、裁定，认为确有错误的，可以向上一级人民法院申请再审，但判决、裁定不停止执行”的规定，行政机关不服生效裁判申请再审的，应当向作出生效裁判的上一级人民法院申请再审。但行政机关在向上一级法院申请再审时，需要注意一审法院作出的裁判发生法律效力后的申请再审程序问题。

如果一审法院作出裁判后，各方当事人均未提起上诉，一审裁判即发生法律效力，此时生效裁判为一审裁判。如果行政机关未经上诉程序而向人民法院申请再审，人民法院将不接受其再审申请。虽然在有关行政再审案件的审理规程中并没有类似规定，但最高人民法院在（2020）最高法民申 7058 号大庆市工商业融资担保有限公司诉大庆市凯达物流有限公司等追偿权纠纷一案中，确立了当事人未在法定上诉期限内提起上诉，亦未提供客观上导致其不能行使诉权的合理理由，其放弃法律规定的常规性救济途径，即应当承担该处分行为所致的失权后果。当事人未经上诉直接向法院申请再审，属于滥用再审程序的情形，对其再审申请应从程序上直接予以驳回。各地法院也参考该案例审查处理行政再审类案件。但《关于加强和规范案件提级管辖和再审提审工作的指导意见》（法发〔2023〕13 号）第十五条第二款规定："对于符合再审条件的民事、行政判决、裁定，存在下列情形之一的，最高人民法院、高级人民法院可以指令原审人民法院再审，或者指定与原审人民法院同级的其他人民法院再审，但法律和司法解释另有规定的除外：（一）原判决、裁定认定事实的主要证据未经质证的；（二）对审理案件需要的主要证据，当事人因客观原因不能自行收集，书面申请人民法院调查收集，人民法院未调查收集的；（三）违反法律规定，剥夺当事人辩论权利的；（四）发生法律效力的判决、裁定是由第一审法院作出的；（五）当事人一方人数众多或者当事人双方均为公民的民事案件；（六）经审判委员会讨论决定的其他情形。"一审法院作出的生效裁判，当事人认为确有错误的，同样可以申请再审。

二、再审审查

141 再审审查阶段行政行为是否可以执行？

根据《行政诉讼法》第九十条“当事人对已经发生法律效力的判决、裁定，认为确有错误的，可以向上一级人民法院申请再审，但判决、裁定不停止执行”的规定，在再审审查阶段，原生效裁判是不停止执行的。但根据《行政诉讼法司法解释》第一百一十八条“按照审判监督程序决定再审的案件，裁定中止原判决、裁定、调解书的执行，但支付抚恤金、最低生活保障费或者社会保险待遇的案件，可以不中止执行。上级人民法院决定提审或者指令下级人民法院再审的，应当作出裁定，裁定应当写明中止原判决的执行；情况紧急的，可以将中止执行的裁定口头通知负责执行的人民法院或者作出生效判决、裁定的人民法院，但应当在口头通知后十日内发出裁定书”的规定，如果当事人申请再审的生效裁判已经进入审判监督程序，负责审查再审案件的人民法院既可能裁定提审案件，也可能指令下级人民法院再审，但均应当在裁定书中写明，中止原判决的执行。

上述法律规定，要求的是对原审判决应当中止执行。原审判决的裁判结果是针对被诉行政行为的合法性作出的判断，所以，原审判决中止执行以后，作为诉讼标的的被诉行政行为实际上也被裁定中止执行了。因此，虽然诉讼阶段“不停止执行”是原则，但上级法院已经依照审判监督程序对生效裁判进行再审，即生效裁判的效力亦处于不确定状态，如果被诉行政行为继续执行，可能导致行政资源的耗费。

142 人民法院再审审查可能有哪些裁判结果?

根据《行政诉讼法司法解释》第一百一十六条第二款“当事人主张的再审事由不成立，或者当事人申请再审超过法定申请再审期限、超出法定再审事由范围等不符合行政诉讼法和本解释规定的申请再审条件的，人民法院应当裁定驳回再审申请”的规定，以及第一百二十一条“再审审理期间，有下列情形之一的，裁定终结再审程序”的规定，还有第一百二十二条“人民法院审理再审案件，认为原生效判决、裁定确有错误，在撤销原生效判决或者裁定的同时，可以对生效判决、裁定的内容作出相应裁判，也可以裁定撤销生效判决或者裁定，发回作出生效判决、裁定的人民法院重新审理”的规定，人民法院审理再审审查案件，可能有 3 种结果：一是当事人申请再审的理由不成立的，人民法院会驳回其再审申请；二是出现了法定事由，继续再审审查案件的审理已经没有必要的，人民法院会裁定终结再审程序；三是生效裁判确有错误的，上级人民法院可能直接改判，也可能撤销生效裁判后，将案件发回下级人民法院重新审理。

143 行政机关对再审审查的结果不服时，如何救济？

行政诉讼经过一审、二审、再审各级审判程序后，如果行政机关对再审结果仍不服，应当如何继续寻求救济呢？《行政诉讼法司法解释》第一百一十七条第一款规定："有下列情形之一的，当事人可以向人民检察院申请抗诉或者检察建议：（一）人民法院驳回再审申请的；（二）人民法院逾期未对再审申请作出裁定的；（三）再审判决、裁定有明显错误的。"

根据上述规定，行政机关的再审申请被驳回后，行政机关仍不服的，可以向人民检察院申请抗诉。当然，人民法院再审审查结果除了驳回申请人的再审申请的裁判类型之外，还有再审审查法院提审、指令再审的裁判类型。《人民检察院行政诉讼监督规则》第十九条第一款规定："有下列情形之一的，当事人可以向人民检察院申请监督：……（二）认为再审行政判决、裁定确有错误的……"行政机关对再审法院提审后作出的生效裁判仍不服的，也可以向人民法院申请再审。但对于再审法院指令下级法院再审的案件，指令一审法院审理的，一审法院将按照一审程序进行审查，作出的裁判属于一审裁判，行政机关同样可以提起上诉，但作出的二审裁判即属于再审裁判。再审法院指令二审法院审理的，二审法院将按照二审程序进行审查，作出的裁判属于二审裁判，同样属于再审裁判，但根据最高人民法院《关于行政申请再审案件立案程序的规定》第二条"申请再审，有下列情形之一的，人民法院不予立案：……（二）对再审判决、裁定提出申请的……"的规定，上述属于再审判决及裁定的生效裁判不能申请再审，但结合上述《人民检察院行政诉讼监督规则》第十九条第一款的规定，仍可以向人民检察院申请抗诉。

另外，根据《人民检察院行政诉讼监督规则》第二十七条"当事人向人民检察院申请监督，有下列情形之一的，人民检察院不予受理：……（六）行政判决、裁定、调解书是人民法院根据人民检察院的抗诉或者再审检察建议再审后作出的……"的规定，行政机关准备向人民检察院申请抗诉的案件，原本就是通过抗诉或者检察建议提起再审的，人民检察院将不会再接受申请抗诉的申请。

第八章　执　　行

一、行政非诉执行

144 行政机关如何向人民法院申请非诉强制执行?

行政非诉执行是指公民、法人或其他组织在法定的期限内既不提起行政复议或者行政诉讼，又不履行已经生效的具体行政行为所确定的义务，人民法院根据行政机关或具体行政权力人的执行申请，采取强制执行措施，使行政具体行政行为得以履行。行政非诉执行是行政执行的一种，即行政决定未经复议或诉讼程序确认，自身没有强制执行权的机关可以向法院申请。行政机关向人民法院申请非诉行政执行，必须具备以下几个条件。

一是申请非诉执行一定要在规定的期限之内，根据《行政诉讼法司法解释》第一百五十六条“没有强制执行权的行政机关申请人民法院强制执行其行政行为，应当自被执行人的法定起诉期限届满之日起三个月内提出。逾期申请的，除有正当理由外，人民法院不予受理”的规定，行政机关超出法定期限，人民法院将不予受理。

二是行政机关在提出申请之前，必须履行一定的前置程序，要向行政相对人发出催告书进行催告。催告必须以书面形式作出，列明当事人履行义务的期限；履行义务的方式；涉及金钱给付的，应当明确金额和给付方式；当事人依法享有的陈述权和申辩权；当事人不履行的后果。行政机关向被执行人发送催告书后10日内相对人仍未履行，行政机关才可以向所在地的法院申请强制执行。

三是如果需要执行的标的是不动产，行政机关应当向不动产所在地有管辖权的人民法院申请强制执行。

四是行政机关向人民法院申请强制执行，必须依照《行政强制法》第五十五条的规定，向人民法院提交相应的材料。材料包括：（1）由行政机关负责人签名，加盖行政机关的印章，并注明日期的强制执行申请书；（2）行政决定书及作出决定的事实、理由和依据；（3）当事人的意见及行政机关催告情况；（4）申请强制执行标的情况；（5）法律、行政法规规定的其他材料。

145 人民法院不准予执行行政法律文书时，如何救济？

当事人对行政机关作出的行政法律文书，在法定期限内既不复议也不诉讼的，行政机关可以向人民法院申请执行。虽然其申请执行的行政法律文书当事人既未申请复议也未提起诉讼，但并不代表行政机关在申请执行时，人民法院不经审查即可准予执行。人民法院对行政机关的申请是否准予执行，仍然会进行必要的审查。

根据《行政诉讼法司法解释》第一百六十条第一款“人民法院受理行政机关申请执行其行政行为的案件后，应当在七日内由行政审判庭对行政行为的合法性进行审查，并作出是否准予执行的裁定”的规定，人民法院对行政机关申请执行的行政行为，会进行合法性的审查。当然，此处的合法性审查和一审、二审程序中对被诉行政行为的合法性审查的强度是不一样的。根据《行政诉讼法司法解释》第一百六十一条第一款“被申请执行的行政行为有下列情形之一的，人民法院应当裁定不准予执行：（一）实施主体不具有行政主体资格的；（二）明显缺乏事实根据的；（三）明显缺乏法律、法规依据的；（四）其他明显违法并损害被执行人合法权益的情形”的规定，人民法院会从上述方面对申请执行的行政行为的合法性进行审查。既然需要审查，就存在审查无法通过，人民法院不准予执行的情形。行政机关认为人民法院作出的不准予执行的裁定有误，应当如何寻求救济呢？根据《行政诉讼法司法解释》第一百六十一条第二款“行政机关对不准予执行的裁定有异议，在十五日内向上一级人民法院申请复议的，上一级人民法院应当在收到复议申请之日起三十日内作出裁定”的规定，行政机关不服人民法院不准予执行裁定的，有权向上一级人民法院申请复议。

除了向上一级人民法院申请复议以外，行政机关还可以依照《人民检察院行政诉讼监督规则》第一百零九条“人民检察院发现人民法院执行裁定、决定等有下列情形之一的，应当向同级人民法院提出检察建议……（八）对行政机关申请强制执行的行政行为作出准予执行或者不准予执行的裁定违反法律规定的……”的规定，向人民检察院反映相关情况，人民法院作出的不准予执行裁定违反法律规定的，检察院有权向同级法院提出检察建议。

146 有强制执行权的行政机关可以申请非诉执行吗？

《行政诉讼法》第九十七条规定：“公民、法人或者其他组织对行政行为在法定期限内不提起诉讼又不履行的，行政机关可以申请人民法院强制执行，或者依法强制执行。”在这一有关行政机关有权申请非诉执行的规定中，行政机关享有申请非诉执行的职权，并不因行政机关自身是否有强制执行权而异。没有行政强制执行权的行政机关需要申请人民法院强制执行，这是行政非诉执行程序的应有之义，但有强制执行权的行政机关申请人民法院强制执行未被排除在外，主要原因在于人民法院司法执行具有司法公信力和权威性，由人民法院负责执行可以最大限度地避免对被执行人的合法权益造成额外的损害。但随着行政机关申请执行的案件数量越来越庞大，甚至已经远远超过了行政诉讼案件的数量，人民法院的非诉执行工作已经不堪重负。

在《行政强制法》的立法中，对不加区分行政机关是否自身有强制执行权都可以申请人民法院执行的规则作了修改。《行政强制法》第五十三条规定：“当事人在法定期限内不申请行政复议或者提起行政诉讼，又不履行行政决定的，没有行政强制执行权的行政机关可以自期限届满之日起三个月内，依照本章规定申请人民法院强制执行。”这一条款强调了没有强制执行权的行政机关才可以申请人民法院强制执行，排除了有强制执行权的行政机关申请人民法院强制执行的情形。《行政诉讼法司法解释》第一百五十六条“没有强制执行权的行政机关申请人民法院强制执行其行政行为，应当自被执行人的法定起诉期限届满之日起三个月内提出。逾期申请的，除有正当理由外，人民法院不予受理”的规定，重复了《行政强制法》的规定，仍然否定了有强制执行权的行政机关申请人民法院强制执行的可能。

在行政强制执行法律实务中，部分地区的人民法院会参与行政机关对违法建筑物的强制拆除。最高人民法院于2013年给北京市高级人民法院作出过《最高人民法院关于违法的建筑物、构筑物、设施等强制拆除问题的批复》（法释〔2013〕5号），该批复内容为：“根据行政强制法和城乡规划法有关规定精神，对涉及违反城乡规划法的违法建筑物、构筑物、设施等的强制拆除，法律已经授予行政机关强制执行权，人民法院不受理行政机关提出的非诉行政执行申请。”因此，人民法院不受理对行政机关提出的强制拆除违法建筑物等的申请。

147 人民法院裁定准予强制执行后具体由哪个机关负责执行？

行政机关向人民法院申请强制执行，执行的依据是生效的行政法律文书。人民法院裁定准予执行后，理论上应当由人民法院具体负责执行，而且在很长一段时间内，行政非诉执行案件的具体执行环节的确也是由人民法院负责完成的。但是，《国有土地上房屋征收与补偿条例》第二十八条第一款规定：“被征收人在法定期限内不申请行政复议或者不提起行政诉讼，在补偿决定规定的期限内又不搬迁的，由作出房屋征收决定的市、县级人民政府依法申请人民法院强制执行。”这一条款强调对于已征收房屋的强制搬迁，应由房屋征收部门申请人民法院执行。房屋征收较为频繁，以至于强制搬迁的工作量过于庞大，人民法院不得不采取了“裁执分离”的行政非诉执行模式。2012 年 3 月 26 日，最高人民法院发布了《关于办理申请人民法院强制执行国有土地上房屋征收补偿决定案件若干问题的规定》（法释〔2012〕4 号），其中第九条规定：“人民法院裁定准予执行的，一般由作出征收补偿决定的市、县级人民政府组织实施，也可以由人民法院执行。”行政机关向人民法院申请强制搬迁时，人民法院经审查后如果准予强制执行，会将具体的强制搬迁工作重新交由提出申请的行政机关具体负责执行。

裁执分离的行政非诉执行模式最起初仅局限于国有土地上房屋征收与补偿的申请执行领域，后来逐渐扩展适用于其他行政非诉执行的领域，最高人民法院也一直在着力推进这项工作。2014 年 7 月 22 日，最高人民法院又发布了《关于在征收拆迁案件中进一步严格规范司法行为积极推进“裁执分离”的通知》（法〔2014〕191 号），在该通知中进一步提出，“积极推进‘裁执分离’，逐步拓宽适用范围”。不少地区法院开始在最高人民法院文件的基础上，联合当地行政机关出台相关规定，将国有土地上房屋征收与补偿领域提炼出的“裁执分离”模式，扩大到了征收集体土地中的房屋拆迁、建筑物非法占地强制拆除等非诉案件和诉讼案件等领域。

近年来，随着行政执法权下放到街镇的执法体制改革，人民法院在“裁执分离”的行政非诉执行案件处理模式中，又出现了人民法院裁定准予强制执行后，具体的执行工作也可以不交给提出申请的行政机关负责执行，而是交给执行标的所在地的街道办事处或者镇政府负责执行。“裁执分离”的行政非诉执行模式，既缓解了人民法院执行工作的压力，又提高了行政非诉执行的效率，这一改革取得了很好的成效，值得肯定。

二、行政判决执行

148 行政机关申请执行生效裁判需要注意哪些问题?

人民法院对被诉行政行为进行审查后作出生效判决，如果原告拒不履行生效裁判，行政机关作出的被诉行政行为所确定的权利和义务仍无法实现，此时需要行政诉讼的另一方当事人，即行政机关提出强制执行人民法院生效判决的申请，以实现被诉行政行为的内容。行政机关应当如何申请执行生效裁判呢?根据《行政诉讼法司法解释》第一百五十二条第一款“对发生法律效力的行政判决书、行政裁定书、行政赔偿判决书和行政调解书，负有义务的一方当事人拒绝履行的，对方当事人可以依法申请人民法院强制执行”的规定，行政机关申请执行生效裁判，需要注意以下几点。

一是申请执行的行政判决书必须是生效的裁判文书。人民法院作出的生效的裁判文书，既可能是一审判决作出后当事人未提起上诉，发生法律效力的判决书，也可能是二审法院作出的裁判文书。

二是行政机关申请执行的生效裁判必须具有可执行的内容。如果人民法院作出的判决没有可执行的内容，例如，生效裁判的判决结果是确认被诉行政行为违法，否定被诉行政行为的法律效力，则该判决即不具有可执行的内容。

三是行政机关申请执行必须向原一审法院提出申请。根据《行政诉讼法司法解释》第一百五十四条“发生法律效力的行政判决书、行政裁定书、行政赔偿判决书和行政调解书，由第一审人民法院执行。第一审人民法院认为情况特殊，需要由第二审人民法院执行的，可以报请第二审人民法院执行；第二审人民法院可以决定由其执行，也可以决定由第一审人民法院执行”的规定，只有一审法院认为情况特殊需要二审法院执行的情况下，可以报请二审人民法院执行。当然，二审人民法院仍有权决定由一审法院执行。

四是行政机关申请执行生效裁判，必须在法定的期限内提出。根据《行政诉讼法司法解释》第一百五十三条第一款“申请执行的期限为二年。申请执行时效的中止、中断，适用法律有关规定”的规定，行政机关申请执行生效裁判，必须在裁判送达之日或裁判文书规定的履行期限结束起两年内提出申请。超过两年期限提出申请的，人民法院将不受理其申请。

149 人民法院判决驳回原告诉讼请求后，行政机关如何申请执行？

行政机关申请人民法院执行生效裁判，但如果人民法院作出的裁判结果是驳回原告的诉讼请求，行政机关应当如何申请执行呢？

在1990年10月1日实施的《行政诉讼法》确定的裁判方式中，存在维持判决的裁判类型，即原告因不服被告行政机关作出的行政行为提起诉讼时，人民法院经诉讼审查，认为被诉行政行为事实清楚，适用法律正确，符合法定程序时，会判决维持被告行政机关作出的行政行为。行政机关针对维持判决类型申请人民法院强制执行时，因为维持判决的判项中，直接维持的是被诉行政行为的内容，具有可执行的内容，所以行政机关可以以生效的行政判决为执行依据，向人民法院申请执行。

在2015年5月1日修改施行的《行政诉讼法》确定的裁判方式中，去除了维持判决的类型，人民法院对于经合法性审查，认为被诉行政行为事实清楚，适用法律正确，符合法定程序时，会作出驳回原告诉讼请求的判决。驳回原告诉讼请求判决的判项中，并没有被诉行政行为的内容，实际上不具有可执行内容，不能直接作为执行的依据，此时如何申请执行就成为一个值得讨论的问题。

针对驳回原告诉讼请求判决如何执行的问题，最高人民法院于2008年12月15日作出《关于判决驳回原告诉讼请求行政案件执行问题的答复》回复湖北省高级人民法院，其认为“被诉具体行政行为具有可执行内容的，人民法院作出驳回原告诉讼请求判决生效后，行政机关申请执行被诉具体行政行为的，人民法院应依法裁定准予执行，并明确执行的具体内容”。这一规定针对驳回原告诉讼请求的执行问题给出了指引，即针对驳回原告诉讼请求的判决的执行，行政机关申请执行需要按照行政非诉执行的途径，首先由人民法院作出准予执行的裁定，而且准予执行的依据是具有给付内容的被诉行政行为，而不是生效的行政裁判。因此，行政机关需要申请执行驳回诉讼请求行政判决的，仍应当按照行政非诉执行的申请形式处理。

150 行政机关拒不履行生效裁判会产生什么后果?

行政机关应当履行生效判决，如果不履行将可能承担一系列后果。《行政诉讼法》第九十六条规定：“行政机关拒绝履行判决、裁定、调解书的，第一审人民法院可以采取下列措施：（一）对应当归还的罚款或者应当给付的款额，通知银行从该行政机关的账户内划拨；（二）在规定期限内不履行的，从期满之日起，对该行政机关负责人按日处五十元至一百元的罚款；（三）将行政机关拒绝履行的情况予以公告；（四）向监察机关或者该行政机关的上一级行政机关提出司法建议。接受司法建议的机关，根据有关规定进行处理，并将处理情况告知人民法院；（五）拒不履行判决、裁定、调解书，社会影响恶劣的，可以对该行政机关直接负责的主管人员和其他直接责任人员予以拘留；情节严重，构成犯罪的，依法追究刑事责任。”

除了人民法院对行政机关拒不执行生效裁判的行为可以采取上述措施外，人民检察院对行政机关拒不执行生效裁判的行为也会进行监督。根据《人民检察院行政诉讼监督规则》第一百一十一条的规定，人民检察院发现人民法院对行政机关拒绝履行行政判决、裁定、调解书未依照《行政诉讼法》第九十六条规定采取执行措施的，人民检察院会向人民法院提出检察建议。

同时，行政机关系统内部对于积极履行人民法院生效裁判，同样提出了要求。《法治政府建设实施纲要（2021—2025 年）》第二十三条规定，健全行政争议实质性化解机制，推动诉源治理；支持法院依法受理和审理行政案件，切实履行生效裁判；支持检察院开展行政诉讼监督工作和行政公益诉讼，积极主动履行职责或者纠正违法行为；认真做好司法建议、检察建议落实和反馈工作。

第二编

行政应诉之行政复议法

第一章　《行政复议法》的修改

一、行政复议与行政诉讼

151 行政复议和行政诉讼哪个受案范围大？

《行政复议法》第十一条规定，“有下列情形之一的，公民、法人或者其他组织可以依照本法申请行政复议：（一）对行政机关作出的行政处罚决定不服；（二）对行政机关作出的行政强制措施、行政强制执行决定不服；（三）申请行政许可，行政机关拒绝或者在法定期限内不予答复，或者对行政机关作出的有关行政许可的其他决定不服；（四）对行政机关作出的确认自然资源的所有权或者使用权的决定不服；（五）对行政机关作出的征收征用决定及其补偿决定不服；（六）对行政机关作出的赔偿决定或者不予赔偿决定不服；（七）对行政机关作出的不予受理工伤认定申请的决定或者工伤认定结论不服；（八）对行政机关侵犯其经营自主权或者农村土地承包经营权、农村土地经营权；（九）对行政机关滥用行政权力排除或者限制竞争；（十）对行政机关违法集资、摊派费用或者违法要求履行其他义务；

（十一）申请行政机关履行保护人身权利、财产权利、受教育权利等合法权益的法定职责，行政机关拒绝履行、未依法履行或者不予答复；（十二）申请行政机关依法给付抚恤金、社会保险待遇或者最低生活保障等社会保障，行政机关没有依法给付；（十三）认为行政机关不依法订立、不依法履行、未按照约定履行或者违法变更、解除政府特许经营协议、土地房屋征收补偿协议等行政协议；（十四）认为行政机关在政府信息公开工作中侵犯其合法权益；（十五）认为行政机关的其他行政行为侵犯其合法权益。”

对比《行政诉讼法》第十二条有关行政诉讼受案范围的规定，我们可以发现，《行政复议法》中的行政复议受案范围上述条款中的第一项至第六项、第八项至第十三项的规定，和行政诉讼受案范围基本一致，其他项则存在差异。可以发现以下规律：

一是行政复议受案范围的大部分规定和行政诉讼的规定大同小异。主要原因在于《行政复议法》和《行政诉讼法》作为行政救济的两条主要渠道，在作用及功能上是相同的，都是为了解决行政争议，保护行政相对人的合法权益。

二是《行政复议法》的修改过程中，有的条款借鉴《行政诉讼法》的立法成果，简便适用。既提高了立法的效率，又尽可能列举齐全了应保护权益的种类，而且确保两法的呼应，因为行政复议申请人不服行政复议决定的，绝大部分情况下，可以再次提出诉讼，所以二者的受案范围差异不大。

三是行政诉讼兜底性条款中仅提到的可保护的权益范围仅包括原告的人身权和财产权类别的合法权益。行政复议的兜底性条款则未作权利种类的限制。从这个角度上而言，行政复议的受案范围是大于行政诉讼的受案范围的。

152 申请人申请复议又同时提起诉讼如何处理？

申请人为了保护自身的权益，有时会同时选择行政诉讼和行政复议两种救济机制，这种情况下，人民法院和复议机关应当如何处理呢？

《行政复议法》第二十九条规定："公民、法人或者其他组织申请行政复议，行政复议机关已经依法受理的，在行政复议期间不得向人民法院提起行政诉讼。公民、法人或者其他组织向人民法院提起行政诉讼，人民法院已经依法受理的，不得申请行政复议。"从上述规定我们可以发现，在行政救济的路径选择上，行政诉讼和行政复议是择一的关系，不能在一个时段同时进行。行政复议是行政系统内部的一种监督和纠错制度，行政复议机关根据层级监督关系以及法律规定，通过审查行政行为的合法性和适当性，为行政相对人维护其合法权益提供法律救济。行政复议机关作出的行政复议决定具有公定力、确定力、拘束力等法律效力。如果申请人同时选择行政诉讼，行政诉讼是人民法院依照司法程序审查行政行为的合法性及适当性，为行政相对人维护其合法权益提供法律救济。行政诉讼的裁判具有既判力。针对同一行政行为作出行政复议决定的法律效力和司法裁判的既判力，可能产生矛盾或者不一致，既无助于纠纷的解决，还会造成行政资源和司法资源的浪费。

对于申请人同时提起行政诉讼和行政复议的情形如何处理，《行政诉讼法司法解释》第五十七条有明确规定，对于法律、法规未规定行政复议为提起行政诉讼必经程序，公民、法人或者其他组织既提起诉讼又申请行政复议的，由先立案的机关管辖；同时立案的，由公民、法人或者其他组织选择。公民、法人或者其他组织已经申请行政复议，在法定复议期间内又向人民法院提起诉讼的，人民法院裁定不予立案。

153 申请人是否可以针对行政复议机关中止复议的行为提起行政诉讼？

《行政复议法》第三十九条第一款规定：“行政复议期间有下列情形之一的，行政复议中止：（一）作为申请人的公民死亡，其近亲属尚未确定是否参加行政复议；（二）作为申请人的公民丧失参加行政复议的行为能力，尚未确定法定代理人参加行政复议；（三）作为申请人的公民下落不明；（四）作为申请人的法人或者其他组织终止，尚未确定权利义务承受人；（五）申请人、被申请人因不可抗力或者其他正当理由，不能参加行政复议；（六）依照本法规定进行调解、和解，申请人和被申请人同意中止；（七）行政复议案件涉及的法律适用问题需要有权机关作出解释或者确认；（八）行政复议案件审理需要以其他案件的审理结果为依据，而其他案件尚未审结；（九）有本法第五十六条或者第五十七条规定的情形；（十）需要中止行政复议的其他情形。”可以发现，行政复议机关有权中止复议的情形很多，因此，复议申请人会经常遇到复议机关中止复议的行为，复议申请人是否可以以复议机关中止复议的行为影响了自己的合法权益，向人民法院提起行政诉讼呢?

针对行政复议机关的复议中止行为，一般是不可提起行政诉讼的，主要原因在于：首先，行政复议中止只是行政复议行为的过程性行为，尚未形成最终的行政复议决定，对复议申请人的权利义务尚未产生实质性的影响。其次，如果允许对行政复议中止提起诉讼，可能会导致人为将行政复议行为分割成多个阶段而多次起诉，无助于行政争议的解决，浪费行政资源和司法资源。最后，行政复议中止只是暂时停止复议的进程，并非行政复议机关消极不履行行政复议职责，允许对行政复议中止提起诉讼没有实际意义。

154 申请人对行政复议不予受理决定如何寻求救济?

申请人向行政复议机关提出行政复议申请，可能因为复议申请不属于行政复议的范围、复议申请的形式不符合法律规定，或者复议请求和理由明显不成立等若干情形，被行政复议机关作出不予受理决定而拒之门外。行政复议机关对申请人的复议申请不予受理，形式上看属于消极不履行复议职责，对行政复议机关的不予受理决定，申请人应当如何寻求救济呢?对于行政复议机关作出的不予受理复议决定，申请人可以从以下 3 种途径寻求救济。

（1）向人民法院提起诉讼。如果行政复议机关作出的不予受理决定影响了申请人的权利义务，申请人可以向人民法院提起行政诉讼，要求人民法院对复议机关的消极不作为行为予以司法监督。如果行政复议机关的不予受理决定错误，人民法院会判决要求其履行复议职责。

（2）向复议机关的上级行政机关反映，要求上级行政机关纠正下级机关的错误决定。《行政复议法》第三十五条规定："公民、法人或者其他组织依法提出行政复议申请，行政复议机关无正当理由不予受理、驳回申请或者受理后超过行政复议期限不作答复的，申请人有权向上级行政机关反映，上级行政机关应当责令其纠正；必要时，上级行政复议机关可以直接受理。"根据上述规定，申请人对于复议机关不作为不服的，可以利用行政机关的上下级领导和被领导的关系，直接向复议机关的上级机关请求监督。

（3）向监察机关或者公职人员任免机关投诉。《行政复议法》第八十条规定："行政复议机关不依照本法规定履行行政复议职责，对负有责任的领导人员和直接责任人员依法给予警告、记过、记大过的处分；经有权监督的机关督促仍不改正或者造成严重后果的，依法给予降级、撤职、开除的处分。"根据上述规定，行政复议机关不作为的，可以由有权机关追究复议机关的领导人员或者直接责任人员的行政责任，给予相应的政务处分，以督促其依法履行复议职责。

二、2023 年《行政复议法》的创新

155 2023 年《行政复议法》中的行政复议机关有哪些?

行政复议管辖体制在新旧法阶段发生了重要的变革，因此，复议机关的种类也发生了很大的变化。

《行政复议法》第二十四条规定：“县级以上地方各级人民政府管辖下列行政复议案件：(一) 对本级人民政府工作部门作出的行政行为不服的；(二) 对下一级人民政府作出的行政行为不服的；(三) 对本级人民政府依法设立的派出机关作出的行政行为不服的；(四) 对本级人民政府或者其工作部门管理的法律、法规、规章授权的组织作出的行政行为不服的。除前款规定外，省、自治区、直辖市人民政府同时管辖对本机关作出的行政行为不服的行政复议案件。省、自治区人民政府依法设立的派出机关参照设区的市级人民政府的职责权限，管辖相关行政复议案件。对县级以上地方各级人民政府工作部门依法设立的派出机构依照法律、法规、规章规定，以派出机构的名义作出的行政行为不服的行政复议案件，由本级人民政府管辖；其中，对直辖市、设区的市人民政府工作部门按照行政区划设立的派出机构作出的行政行为不服的，也可以由其所在地的人民政府管辖。”据此可知，县级以上各级人民政府属于复议机关的一种，而且承担了大部分的行政复议工作。

《行政复议法》第二十五条规定："国务院部门管辖下列行政复议案件：（一）对本部门作出的行政行为不服的；（二）对本部门依法设立的派出机构依照法律、行政法规、部门规章规定，以派出机构的名义作出的行政行为不服的；（三）对本部门管理的法律、行政法规、部门规章授权的组织作出的行政行为不服的。"据此可知，国务院各部门也属于行政复议机关之一。

《行政复议法》第二十七条规定："对海关、金融、外汇管理等实行垂直领导的行政机关、税务和国家安全机关的行政行为不服的，向上一级主管部门申请行政复议。"可见，对海关、金融、外汇管理等实行垂直领导的行政机关、税务和国家安全机关的复议机关仍沿用旧法阶段的上一级复议的体制，行为机关的上一级主管部门属于行政复议机关种类之一。

2023 年《行政复议法》较之旧法，主要的变化就在于除了部分特定管理领域的上一级行政主管部门仍享有行政复议管辖权之外，基本上不再设置上一级行政主管部门的复议职能。

156 行政复议相对集中管辖机制改革的利弊如何？

根据原《行政复议法》的规定，行政复议管辖制度是"条块结合"的管辖模式，即上一级行政机关有权复议下一级行政机关作出的行政行为，县级以上人民政府有权复议所辖职能部门作出的行政行为。但早在 2008 年，原国务院法制办公室就出台了《关于在部分省、直辖市开展行政复议委员会试点工作的通知》，开始在部分省市部署相对集中管辖改革的试点。2010

年，国务院又发布了《关于加强法治政府建设的意见》，其中也明确提到鼓励各地探索开展相对集中行政复议审理工作，不少省市在行政复议相对集中管辖改革的实践中，已经形成了一定的规模。2023 年《行政复议法》则正式确立了行政复议相对集中管辖制度。《行政复议法》第二十四条规定："县级以上地方各级人民政府管辖下列行政复议案件：（一）对本级人民政府工作部门作出的行政行为不服的；（二）对下一级人民政府作出的行政行为不服的；（三）对本级人民政府依法设立的派出机关作出的行政行为不服的；（四）对本级人民政府或者其工作部门管理的法律、法规、规章授权的组织作出的行政行为不服的。除前款规定外，省、自治区、直辖市人民政府同时管辖对本机关作出的行政行为不服的行政复议案件。省、自治区人民政府依法设立的派出机关参照设区的市级人民政府的职责权限，管辖相关行政复议案件。对县级以上地方各级人民政府工作部门依法设立的派出机构依照法律、法规、规章规定，以派出机构的名义作出的行政行为不服的行政复议案件，由本级人民政府管辖；其中，对直辖市、设区的市人民政府工作部门按照行政区划设立的派出机构作出的行政行为不服的，也可以由其所在地的人民政府管辖。"由此确立的行政复议相对集中管辖机制，要求除垂直管理的行政机关以及特殊情形外，地方各级人民政府的工作部门不再履行行政复议职责，行政复议工作职责统一由县级以上地方各级人民政府统一行使。

行政复议管辖相对集中，由县级以上人民政府集中行使，可以确保复议案件处理标准的统一，而且在一定程度上降低了行政机关上下级之间部门保护的倾向，促进了行政复议案件的公正性。同时，相对集中的管辖机制下，其他行政职能部门无须再保留从事复议工作的部门和人员，精简了行政机构，节约了行政资源。另外，相对集中管辖改革也方便了复议申请人申请复议，不再像原来复议机构“条块结合”的分散模式，导致复议申请人为了确定复议机关大费周折。

157 行政复议期限有哪些规定?

行政复议申请期限，是指行政复议申请人依法向行政复议机关提出行政复议申请的起止时间。申请人超过法律规定的期限申请行政复议的，行政复议机关将依法不予受理。正如谚语所说，法律不保护“权利上的酣睡者”。行政复议作为一项行政救济制度，与行政诉讼、民事诉讼等其他救济制度一样，在时间上是有限制性要求的，并不是可以无期限地提出行政复议的申请。2023 年修法后，行政复议的申请期限基本上和行政诉讼的起诉期限一致了。

第一种情形，《行政复议法》第二十条第一款规定：“公民、法人或者其他组织认为行政行为侵犯其合法权益的，可以自知道或者应当知道该行政行为之日起六十日内提出行政复议申请；但是法律规定的申请期限超过六十日的除外。”行政机关作出行政行为以后，一般会在行政决定末尾告知当事人复议期限，如果已经告知当事人复议权利和期限，当事人应当在知道或者应当知道该行政行为之日起 60 日内提出复议申请。

第二种情形，《行政复议法》第二十条第三款规定：“行政机关作出行政行为时，未告知公民、法人或者其他组织申请行政复议的权利、行政复议机关和申请期限的，申请期限自公民、法人或者其他组织知道或者应当知道申请行政复议的权利、行政复议机关和申请期限之日起计算，但是自知道或者应当知道行政行为内容之日起最长不得超过一年。”对比上述行政机关作出行政行为时告知复议权利和期限的情形，在未告知复议期限的情况下，当事人可以在知道或者应当知道行政行为内容之日起1年内提出复议申请。

第三种情形，《行政复议法》第二十一条规定：“因不动产提出的行政复议申请自行政行为作出之日起超过二十年，其他行政复议申请自行政行为作出之日起超过五年的，行政复议机关不予受理。”2023年修法时，对最长复议期限作出了规定，和《行政诉讼法》保持一致。

第二章　行政复议体制

一、行政复议原则

158 行政复议需要把握哪些原则？

《行政复议法》第三条规定："行政复议工作坚持中国共产党的领导。行政复议机关履行行政复议职责，应当遵循合法、公正、公开、高效、便民、为民的原则，坚持有错必纠，保障法律、法规的正确实施。"由此，行政复议机关履行行政复议职责应当遵循的基本原则有合法原则、公正原则、公开原则、高效原则、便民原则以及为民原则六项原则。

（1）合法原则，是指行政复议机关及其工作人员应当严格遵守法律、法规的规定，按照法定的行政复议范围和程序，倾听复议申请人的复议请求，依法审查原行政行为的合法性，以及附带性审查抽象行政行为的适当性，并作出相关的行政复议决定。合法原则的基本要求就是行政复议活动必须依法进行，行政复议行为必须符合法律、法规的规定。主要包括主体合法、程序合法、依据合法3个方面。

（2）公正原则，是指行政复议机关及其工作人员在开展行政复议活动、办理行政复议事项的过程中，必须不偏不倚、客观公正地对待申请人和被申请人，严格依照法律的规定和要求作出行政复议决定。公平原则要遵守三个具体要求：公正对待、依法处理、裁量得当。

（3）公开原则，是指行政复议机关开展行政复议活动、办理行政复议事项、履行行政复议职责时，除涉及国家机密、个人隐私和商业秘密外，还应当遵循向行政复议申请人和社会公开的原则。遵循公开原则，有利于保障行政复议机关合法、公正地行使行政复议权，切实纠正违法或者不当的行政行为，充分发挥行政复议制度的作用，有效防止行政复议中的渎职、失职、滥权等现象。

（4）高效原则，是指行政复议机关在开展行政复议活动、办理行政复议事项、履行行政复议职责时，应当在法律规定的期限内，完成行政复议案件的审查工作，并作出相应的行政复议决定。行政复议作为行政系统内部监督的一种方式，本身就是一种行政行为，必须便捷和及时。

（5）便民原则，是指行政复议机关开展行政复议活动、办理行政复议事项、履行行政复议职责时，应当采取各种措施，方便行政复议当事人特别是行政复议申请人参与行政复议活动。包括申请方法灵活、不得收取任何费用、畅通申请渠道等具体方式保障行政复议的便民性。

（6）为民原则，是指行政复议机关开展行政复议活动、办理行政复议事项、履行行政复议职责时，应当坚持以人民为中心，明确为人民服务的目标。在行政复议中不应该由于权钱关系等因素而损害申请人作为公民的利益。

159 何谓行政复议禁止不利变更原则?

《行政复议法》第六十三条第二款规定:“行政复议机关不得作出对申请人更为不利的变更决定,但是第三人提出相反请求的除外。”这一条款确立的是行政复议罚种的禁止不利变更原则。禁止不利变更原则是指复议机关在作出处理决定时原则上不能将申请人置于较复议前更加不利的境地,即复议既不能加重申请人的法律责任,也不能减少申请人的既得利益。

行政复议程序中之所以要确立禁止不利变更原则,一是为了充分发挥行政复议救济的作用,避免出现复议申请人经复议后获得更加不利的后果,以引导行政相对人更愿意通过行政复议程序寻求救济和解决争议。否则就可能导致行政相对人不敢、不愿申请行政复议,复议制度就会形同虚设。二是复议程序中禁止不利变更原则的确立也是基于国家权力对于公民权利的谦抑,一般不允许行政复议机关以对复议申请人造成更为不利后果为代价来修正原行政行为。也是为了能够从制度上保障人民的正当权利和正当的救济权。

行政复议中适用禁止不利变更原则,应当注意以下几点:

一是不能机械地运用禁止不利变更的复议原则。对于主要证据不足、适用法律错误或者违反法定程序的原行政行为,如果的确需要撤销或者变更,或者变更为对复议申请人更有利的复议决定,或者撤销后交由原行为机关重新处理,而不能由复议机关直接变更作出对复议申请人更为不利的复议决定。

二是适用禁止不利变更原则存在例外。当复议申请人提出复议申请，请求减轻或者免除自己的义务时，但同时存在利害关系的第三人也提出了要求加重复议申请人的责任或者义务的，复议机关可以不再受到禁止不利变更原则的限制，否则，第三人的诉求就失去了意义。

三是禁止不利变更原则仅适用于复议机关撤销或者变更的情形，其余形式的复议决定，例如维持决定、确认违法的决定，并不需要考虑禁止不利变更的适用。

160 行政复议的高效原则有哪些体现？

行政复议机关办理行政复议案件，履行行政复议职责，虽然具有准司法的特征，但性质上仍属于行政行为，因此，行政复议必须重视行政复议的效率性。行政复议的效率性即是行政复议高效原则的体现。行政复议的高效原则，在2023年《行政复议法》中多次体现。

一是决定行政复议申请是否受理的时限很短。根据《行政复议法》第三十条第一款“行政复议机关收到行政复议申请后，应当在五日内进行审查……”的规定，行政复议机关审查复议申请，决定是否受理的时限只有5天，而且，更加体现高效的规定是，《行政复议法》第三十条第三款规定：“行政复议申请的审查期限届满，行政复议机关未作出不予受理决定的，审查期限届满之日起视为受理。”这避免了在复议受理阶段就卡在门口，迟迟无法进入实质审查阶段的问题。

二是复议机关办理行政复议案件的办案期限短。《行政复议法》第六十二条规定："适用普通程序审理的行政复议案件，行政复议机关应当自受理申请之日起六十日内作出行政复议决定；但是法律规定的行政复议期限少于六十日的除外。情况复杂，不能在规定期限内作出行政复议决定的，经行政复议机构的负责人批准，可以适当延长，并书面告知当事人；但是延长期限最多不得超过三十日。适用简易程序审理的行政复议案件，行政复议机关应当自受理申请之日起三十日内作出行政复议决定。"可见行政复议的办案期限非常短，简易程序只有 30 日，一般程序也仅有60 日，而且需要延长也只有30 天的延长期。相较于行政诉讼中的第一审审理期限一般为 6 个月，二审期限一般为 3 个月的审理期限，复议期间的高效可见一斑。

三是行政复议的程序较为简便，有利于行政争议的高效解决。行政复议案件的审查程序，主要采取书面审查的方式，对于一些重大复杂的案件，才会采取听证的方式。简便快捷的审查方式，也是确保行政复议的效率性的重要一环。

四是行政复议在解决行政赔偿时设置了更为简便快捷的路径。即使申请人在申请复议时没有提出赔偿请求，行政复议机关也可以责令原行为机关赔偿申请人的损失。《行政复议法》第七十二条第二款规定："申请人在申请行政复议时没有提出行政赔偿请求的，行政复议机关在依法决定撤销或者部分撤销、变更罚款，撤销或者部分撤销违法集资、没收财物、征收征用、摊派费用以及对财产的查封、扣押、冻结等行政行为时，应当同时责令被申请人返还财产，解除对财产的查封、扣押、冻结措施，或者赔偿相应的价款。”

五是行政复议采取了一次复议的机制，提高了行政复议解决行政争议的效率。行政复议决定一经作出，送达给当事人就生效了。行政诉讼设置了一审、二审、再审、申请抗诉等复杂的救济程序，无法和行政复议制度的高效相提并论。

161 行政复议中如何把握复议不停止执行原则？

《行政复议法》第四十二条规定：“行政复议期间行政行为不停止执行；但是有下列情形之一的，应当停止执行：（一）被申请人认为需要停止执行；（二）行政复议机关认为需要停止执行；（三）申请人、第三人申请停止执行，行政复议机关认为其要求合理，决定停止执行；（四）法律、法规、规章规定停止执行的其他情形。”由此，被复议的行政行为在复议期间以不停止执行为原则。确立行政复议期间行政行为不停止执行的原则，原因在于行政机关作出行政行为，是其为实现行政目的，代表国家实施行政管理活动的一种表现。行政管理活动必须保持稳定、连续和效率，维持由行政管理活动所形成的经济社会秩序的正常运行。反之，如果因为行政相对人提出行政复议申请，就要停止行政行为的执行，将对行政管理活动产生巨大的不利影响。

但确立行政复议期间行政行为不停止执行的原则，并不意味着在任何情况下，行政行为都必须执行。在某些情形下，不停止执行行政行为反而有可能给行政复议申请人的合法权益造成实际损害，所以出现以下四种情形应当停止执行：

（1）被申请人认为需要停止执行的：被申请人即作出行政行为的行政机关或者法律、法规授权的组织，在行政复议期间经过研究以后，认为需要停止执行行政行为的，可以停止执行。

（2）行政复议机关认为需要停止执行的：在行政复议活动中，行政复议机关担负着裁决者的角色，更能从全局上、整体上判断和把握行政相对人与被申请人之间的行政争议。因此，行政复议机关认为在行政复议期间需要执行行政行为的，可以停止执行行政行为。

（3）申请人、第三人申请停止执行，行政复议机关认为其要求合理，决定停止执行的：在行政复议期间，申请人、第三人向行政复议机关提出停止执行行政行为的申请，行政复议机关经过研究以后，认为申请人、第三人的申请具有合理性，可以决定停止行政行为的执行。

（4）法律、法规、规章规定停止执行的其他情形：法律、法规、规章中明确规定在行政复议期间，停止行政行为执行的，应当停止执行。

二、行政复议机关

162 行政复议机关和行政复议机构有何区别？

《行政复议法》第四条规定：“县级以上各级人民政府以及其他依照本法履行行政复议职责的行政机关是行政复议机关。行政复议机关办理行政复议事项的机构是行政复议机构。行政复议机构同时组织办理行政复议机关的行政应诉事项。行政复议机关应当加强行政复议工作，支持和保障行政复议机构依法履行职责。上级行政复议机构对下级行政复议机构的行政复议工作进行指导、监督。国务院行政复议机构可以发布行政复议指导性案例。”

根据上述条款，行政复议机关是指依照法律、法规的规定，有权受理行政复议的申请，依法对被申请的行政行为进行合法性、适当性审查并作出决定的行政机关。行政复议机构是行政复议机关中具体办理行政复议事项的内设机构。

行政复议机关和行政复议机构既有联系，也有区别：

（1）职责不同。行政复议机关是指负责行政复议工作的具体组织机构，通常是由政府或行政机关设立的专门机构。行政复议机关负责接受并处理申请人的复议申请，对行政行为进行复议审查，发表复议意见。其职责主要是审核、调查、审理和作出复议决定。行政复议机构则是替行政复议机关办理具体行政复议事项所设立的工作机构，除法律特别授权以外，不能以自己的名义独立进行行政复议活动。

（2）责任能力不同。行政复议机关是我们所说的行政主体，即享有行政职权，以自己的名义行使行政职权并独立承担责任的组织。而行政复议机构是行政复议机关的下设机构，故并不具有法人资格，也不是行政主体，没有作出行政复议决定的职权，更不能以自己的名义行使职权。

（3）是否具备行政诉讼被告资格存在不同。《行政复议法》中虽然有多处规定了行政复议机构具体办理复议事项的规范，但行政复议机构在诉讼中并不具备被告主体资格。行政复议机关则是凡涉及行政复议案件，均应当以行政复议机关的名义进行，且行政复议机关是恒定的被告。

163 行政复议机关在复议阶段可以取证吗？

《行政复议法》第四十四条第一款规定：“被申请人对其作出的行政行为的合法性、适当性负有举证责任。”在行政复议过程中，应当由被申请人承担举证责任，复议机关只能在复议申请人和被申请人之间居中作出裁断。那么，行政复议机关在复议过程中，是否可以取证呢？

作为被申请人的行政机关在作出行政行为时，即应当全面收集相关的证据。在行政复议阶段，被申请人作出的行政行为已经完成，被申请人当然不能在复议程序中为了证明其作出的行政行为的合法性再行收集证据。而复议机关作为裁决机关，从理论上而言，当然更不能在复议程序中取证，以证明被申请人作出的行政行为合法及适当。但随着《行政诉讼法》的修改，提出了复议一体化的概念，即复议行为和复议被申请人作出的履行政行为应当视作一个整体，可以共同来证明被申请人作出的行政行为的合法性和适当性。《行政诉讼法司法解释》第一百三十五条第三款规定："复议机关作共同被告的案件，复议机关在复议程序中依法收集和补充的证据，可以作为人民法院认定复议决定和原行政行为合法的依据。"换言之，复议机关在复议程序中可以收集和补充证据，用来证明原行政行为的合法性。

在《行政诉讼法》修法的背景下，新修改的行政复议法出现了复议机关调查取证的条款。《行政复议法》第四十五条规定："行政复议机关有权向有关单位和个人调查取证，查阅、复制、调取有关文件和资料，向有关人员进行询问。调查取证时，行政复议人员不得少于两人，并应当出示行政复议工作证件。被调查取证的单位和个人应当积极配合行政复议人员的工作，不得拒绝或者阻挠。"新法赋予了复议机关在复议期间调查取证的职权，在复议程序中进一步完善被申请人作出的行政行为的合法性和适当性，目的在于提高行政管理的效率。

三、行政复议当事人

164 原行为机关被撤销后申请人申请复议如何确定被申请人?

随着政府机构职能改革的进一步深化，有的行政机关被撤销合并，有的行政机关职权出现调整。当行政机关被撤销或者职权变更时如何确定被申请人呢?这就涉及行政复议被申请人资格承继问题。被申请人资格之所以可以承继，是考虑到行政机关是国家设立的公权力机关，不能由于行政机关组织的内部变化而导致当事人救济无门。因此，《行政复议法》第十九条第四款规定："作出行政行为的行政机关被撤销或者职权变更的，继续行使其职权的行政机关是被申请人。"修订前的《行政复议法》第十五条第一款第五项规定："对被撤销的行政机关在撤销前所作出的具体行政行为不服的，向继续行使其职权的行政机关的上一级行政机关申请行政复议。"

新旧《行政复议法》对于原行为机关被撤销后如何确定复议被申请人资格的模式是一致的，但是角度存在差异。新法直接规定了如何确定被申请人，旧法是在规定复议机关的同时确定被申请人。因为在新法中行政复议的管辖机制已经发生了变化，除了垂直领导等少数情形下，行为机关的上一级行政机关已经不再有复议管辖权。

另外，行政复议实践中还可能出现另外一种情况，就是原行为机关被撤销后，其原来行使的某项行政职权不再存在，没有其他机关继续承继其该项职能，这种情况下应当如何确定被申请人，这在《行政复议法》中并没有规定。此时可以参照《行政诉讼法司法解释》第二十三条“行政机关被撤销或者职权变更，没有继续行使其职权的行政机关的，以其所属的人民政府为被告；实行垂直领导的，以垂直领导的上一级行政机关为被告”的规定，将被撤销行政机关原所属的人民政府确定为被申请人。如果被撤销的行政机关原来的领导体制实行垂直领导，则直接以其原上一级行政机关为被申请人。

165 行政机关在行政复议中可以不列举第三人吗?

行政复议中的第三人指的是与行政复议案件相关的非当事人。《行政复议法》第十六条规定：“申请人以外的同被申请行政复议的行政行为或者行政复议案件处理结果有利害关系的公民、法人或者其他组织，可以作为第三人申请参加行政复议，或者由行政复议机构通知其作为第三人参加行政复议。第三人不参加行政复议，不影响行政复议案件的审理。”根据这一规定，似乎在行政复议程序中，第三人的地位并不重要、第三人在是否参加复议程序上也可有可无。而复议机关在是否需要通知第三人参加复议程序方面，享有很大的自由裁量权。但在行政复议程序中，第三人真的可以不列举吗?

(1)《行政复议法》在多个条款中，都突出了第三人在复议程序中的作用。《行政复议法》第六十三条第二款规定："行政复议机关不得作出对申请人更为不利的变更决定，但是第三人提出相反请求的除外。"《行政复议法》第七十条规定："被申请人不按照本法第四十八条、第五十四条的规定提出书面答复、提交作出行政行为的证据、依据和其他有关材料的，视为该行政行为没有证据、依据，行政复议机关决定撤销、部分撤销该行政行为，确认该行政行为违法、无效或者决定被申请人在一定期限内履行，但是行政行为涉及第三人合法权益，第三人提供证据的除外。"这些条款中不但规定了第三人享有相应的权利，而且第三人享有的权利足以左右行政复议的进程及结果。

（2）行政机关作为行政行为，必须考虑利害关系人的意见，否则行政行为作出以后，利害关系人再次提出异议，会影响行政行为的稳定性。行政复议亦属于行政行为，同样需要考虑行政复议决定作出后的法的安定性问题，因此，行政复议过程中，应当充分考虑复议行为对第三人合法权益是否存在影响。

（3）当事人对行政复议行为不服的，可以向人民法院提起行政诉讼。以维护社会公平为价值追求的行政诉讼，不会忽略任何一个利益主体的合法权益，遗漏了第三人的行政复议行为，就可能在诉讼中被撤销、变更或者确认违法。行政复议机关如果真正贯彻《行政复议法》"保护公民、法人和其他组织的合法权益"的立法目的，行政复议结果可能对第三人的权益产生影响时，复议机构就应当通知第三人参加到复议程序中。否则，复议机构作出的行政复议决定存在被认定为程序违法的风险。

第三章　行政复议机制

一、行政复议的范围

166 行政复议的复议对象在新法前后有何变化？

从2017年《行政复议法》第二条“公民、法人或者其他组织认为具体行政行为侵犯其合法权益，向行政机关提出行政复议申请，行政机关受理行政复议申请、作出行政复议决定，适用本法”的规定，到2023年《行政复议法》第二条“公民、法人或者其他组织认为行政机关的行政行为侵犯其合法权益，向行政复议机关提出行政复议申请，行政复议机关办理行政复议案件，适用本法。前款所称行政行为，包括法律、法规、规章授权的组织的行政行为”的规定，可以发现，新旧法对复议对象的规定产生了较大的不同，从“具体行政行为”变化成为“行政行为”，行政复议的范围和对象进一步扩大了。

为了充分理解行政复议对象新旧法修改的背景和原因，我们可以首先梳理一下我国“行政行为”这一概念的内涵及外延不断变化的过程。1990年施行的《行政诉讼法》提到了“具体行政行为”的概念。1991 年最高人民法院在《关于贯彻执行〈中华人民共和国行政诉讼法〉若干问题的意见（试行）》（已失效）中对“具体行政行为”作出了界定：“‘具体行政行为’是指国家行政机关和行政机关工作人员、法律法规授权的组织、行政机关委托的组织或者个人在行政管理活动中行使行政职权，针对特定的公民、法人或者其他组织，就特定的具体事项，作出的有关该公民、法人或者其他组织权利义务的单方行为。”从该定义中，我们可以发现，具体行政行为是行政机关针对特定对象作出的行为，能够直接产生行政法律关系，对当事人的权利义务产生影响。而早期的“行政行为”的概念，并未出现在立法中，而仅仅属于学理概念。行政行为是指行政主体作出的能够产生行政法律效果的行为。通说认为，具体行政行为具有单方性和强制性，行政行为属于具体行政行为的上位类概念，包含了双方行政行为，即行政协议行为。

2000 年 3 月 10 日起施行的《最高人民法院关于执行〈中华人民共和国行政诉讼法〉若干问题的解释》（已失效）把一些“具体行政行为”的立法用语修改成了“行政行为”。但具体有关行政诉讼的受案范围并无实质性的变化。直到新修改的 2015 年 5 月 1 日起施行的《行政诉讼法》，才将部分类型的行政协议类案件纳入行政诉讼的受案范围。《行政复议法》的修改紧跟《行政诉讼法》的修改，同样在变更“具体行政行为”这一基础概念的基础上，在《行政复议法》中引入了“行政行为”的概念，并且同样将部分行政协议类的行政争议纳入行政复议的受案范围。因此，《行政复议法》修改前后的复议对象，最重要的就是将部分类型的行政协议纳入了行政复议的受案范围之内。

167 行政协议是否属于行政复议的范围？

行政协议属于一种特殊的行政行为，与传统的具有单方性、强制性特征的行政行为不同，指行政机关和行政相对人通过协商一致的方式，约定行政法律关系的权利和义务，以实现行政管理的目的。从诉讼的角度来看，长期以来，行政协议类的案件大都是通过民事诉讼的途径去解决的。所以，行政诉讼也迟迟未将行政协议的审查纳入行政诉讼的受案范围。自 2015 年 5 月 1 日起施行的《行政诉讼法》开始，才将部分行政协议类案件正式纳入行政诉讼的受案范围。行政诉讼可以审查行政协议，行政复议是否也可以审查行政协议类案件的呢？

由于此前《行政复议法》尚未修改，所以对于这个问题尚无定论。2017 年，原国务院法制办公室作出《对〈交通运输部关于政府特许经营协议等引起的行政协议争议是否属于行政复议受理范围的函〉的复函》（国法秘复函〔2017〕866 号），在这个复函中，明确规定政府特许经营协议等协议争议不属于《行政复议法》规定的行政复议受理范围。随之，行政复议机关对申请人因不服行政协议的复议申请予以驳回的案例越来越多，而人民法院对行政协议是否属于行政复议的受案范围，则又存在看法不一的行政判决。有的判决认为，当时的《行政复议法》和《行政复议法实施条例》的确未明确将行政协议纳入行政复议的受案范围，因此，复议机关驳回申请人的复议申请并无不当。但也有判决认为，《行政复议法》受案范围的条款虽然未明确行政协议是否属于行政复议的受案范围，但是，《行政复议法》中有关受案范围的条款有兜底性的规定。另外，属于行政诉讼受案范围的行政行为，一般也应当属于行政复议的受案范围。因此，复议机关驳回复议申请人的申请欠妥。

正是由于人民法院的判决的推动，在《行政复议法》修改过程中，也正式将行政协议类案件纳入行政复议的受案范围。《行政复议法》第十一条第十三项关于行政复议受案范围规定："认为行政机关不依法订立、不依法履行、未按照约定履行或者违法变更、解除政府特许经营协议、土地房屋征收补偿协议等行政协议。"第七十一条规定："被申请人不依法订立、不依法履行、未按照约定履行或者违法变更、解除行政协议的，行政复议机关决定被申请人承担依法订立、继续履行、采取补救措施或者赔偿损失等责任。被申请人变更、解除行政协议合法，但是未依法给予补偿或者补偿不合理的，行政复议机关决定被申请人依法给予合理补偿。"

二、行政复议的程序

168 行政复议前置有哪些情形？

行政复议前置是指当事人不服行政机关作出的行政行为，在向人民法院提起诉讼之前，必须首先选择行政复议，对行政复议结果仍不服的，才可以向人民法院提起诉讼。行政救济机制之所以设置行政复议前置的制度，主要是考虑部分行政争议的解决，经由行政复议制度解决更有优势，或者更为高效，可以节约司法资源。

《行政复议法》第二十三条规定：“有下列情形之一的，申请人应当先向行政复议机关申请行政复议，对行政复议决定不服的，可以再依法向人民法院提起行政诉讼：（一）对当场作出的行政处罚决定不服；（二）对行政机关作出的侵犯其已经依法取得的自然资源的所有权或者使用权的决定不服；（三）认为行政机关存在本法第十一条规定的未履行法定职责情形；（四）申请政府信息公开，行政机关不予公开；（五）法律、行政法规规定应当先向行政复议机关申请行政复议的其他情形。对前款规定的情形，行政机关在作出行政行为时应当告知公民、法人或者其他组织先向行政复议机关申请行政复议。”根据上述规定，行政复议前置的情形主要有四种，这些情形都是考虑了行政执法的特殊性，先由行政复议机关复议审查具有便利性。第一种情形是当场处罚的情形。因为当场处罚的情形都是针对争议不大、事实简单的案件，行政复议机关比较容易解决。第二种情形实际上是沿用了2017年《行政复议法》第三十条第一款的规定，对于涉及自然资源所有权和使用权的案件，可能需要测绘或者现场勘查，而且需要熟悉当地风俗民情，复议机关作为行政管理机关审查更为专业。第三种情形是行政不作为的审查，对于行政机关是否具有相应的行政职责，复议机关作为上级机关把握更为准确，复议审查更有优势。第四种情形是政府信息公开类案件，该类案件事实也较为简单，行政复议机关复议审查更为便捷。

除了《行政复议法》中明确规定的复议前置的情形之外，

其他一些法律法规中也存在行政复议前置的情形。例如，《税收征收管理法》第八十八条第一款规定："纳税人、扣缴义务人、纳税担保人同税务机关在纳税上发生争议时，必须先依照税务机关的纳税决定缴纳或者解缴税款及滞纳金或者提供相应的担保，然后可以依法申请行政复议；对行政复议决定不服的，可以依法向人民法院起诉。"

169 行政复议机关受理行政复议申请必须具备哪些条件?

《行政复议法》第三十条第一款规定："行政复议机关收到行政复议申请后，应当在五日内进行审查。对符合下列规定的，行政复议机关应当予以受理：（一）有明确的申请人和符合本法规定的被申请人；（二）申请人与被申请行政复议的行政行为有利害关系；（三）有具体的行政复议请求和理由；（四）在法定申请期限内提出；（五）属于本法规定的行政复议范围；（六）属于本机关的管辖范围；（七）行政复议机关未受理过该申请人就同一行政行为提出的行政复议申请，并且人民法院未受理过该申请人就同一行政行为提起的行政诉讼。"根据上述规定，行政复议机关受理复议申请人提出的复议申请，需要满足七大条件。

一是复议申请必须有明确的申请人和合法的被申请人，这是复议主体资格条件。申请人必须是公民、法人或者其他组织，不具备独立主体资格的主体无权提出复议申请。被申请人一般为作出行政行为的行政机关或者法律、法规、规章授权的组织。两个以上的行政机关联合作出同一行政行为的，共同行为的行政机关均应当作为被申请人。行政机关委托的组织作出行政行为的，委托的行政机关是被申请人。

二是申请人应当与其申请复议的行政行为有利害关系。申请人必须是认为行政机关的行政行为侵犯了自身合法权益的公民、法人或者其他组织，不能出于公益或者为了第三人的利益提出复议申请。

三是申请人的复议申请必须有具体的行政复议请求和理由。复议申请人向复议机关提出复议申请，必须有具体的请求，复议请求可能是请求撤销、变更或者确认原行政行为违法，也可能是针对原机关的不作为行为请求复议机关责令其履行法定职责，或者请求原行为机关赔偿其损失。除了复议请求之外，复议申请还应当有具体的理由，即列举支撑自己提出的复议请求的缘由。这既是争取复议机关支持自己的复议请求的需要，也有利于复议申请书送达被申请人后，被申请人提出有针对性的答辩，更有利于行政纠纷的解决。

四是复议申请必须在法定的复议申请期限内提出。行政复议作为一种行政救济机制，和行政诉讼使用同样的原则，即“法律不保护躺在权利上睡觉的人”。而且，要求复议申请必须在法定期限内提出，也有利于尽快解决行政争议，确保社会关系的安定性。

五是属于《行政复议法》规定的行政复议范围。《行政复议法》明确列举了可以申请复议的行政行为的类型，而且同时列举了排除的范围。如果在特定类型的案件中，无法确定原行为机关作出的行为属于何种类型，可以适用行政复议范围的兜底性条款，即只要被复议的行政行为侵犯了申请人的合法权益，申请人都可以提出复议申请。

六是复议申请必须属于收到申请的复议机关的管辖范围。《行政复议法》设置了相对集中的复议管辖体制，行政复议机关主要是县级以上人民政府设置的行政复议委员会。除了采取垂直领导体制的行政机关和税务、国家安全机关等特殊管辖机制的情形外，县级以上各级人民政府行政复议委员会有权主管其行政区划范围内的所有与其有直接隶属关系的职能部门及下级人民政府作为被申请人的行政复议案件。

七是复议申请人向复议机关提出复议申请，接受复议申请的行政复议机关，必须未曾受理过该申请人就同一行政行为提出的行政复议申请，并且人民法院也未受理过该申请人就同一行政行为提起的行政诉讼。这一要求主要是为了避免重复受理，重复审查，造成行政行为公定力和行政裁判既判力的混乱。

170 行政复议机关如何适用简易程序审查案件？

《行政复议法》第五十三条规定："行政复议机关审理下列行政复议案件，认为事实清楚、权利义务关系明确、争议不大的，可以适用简易程序：（一）被申请行政复议的行政行为是当场作出；（二）被申请行政复议的行政行为是警告或者通报批评；（三）案件涉及款额三千元以下；（四）属于政府信息公开案件。除前款规定以外的行政复议案件，当事人各方同意适用简易程序的，可以适用简易程序。"行政复议简易程序是2023年《行政复议法》的创新，简易程序可以大大提高行政复议案件审查的效率，节约行政资源。行政复议机关适用简易程序审查复议案件，应当注意以下几点：

一是简易程序适用于特定类型的案件，或者案件当事人各方均同意适用简易程序，除此之外，行政复议机关不能为了片面追求案件处理的短平快，不恰当地省略复议程序，影响当事人依法行使复议权利。可以适用简易程序审理的案件类型，主要是一些案件事实简单，标的较小，被复议的行政行为对申请人的权利义务影响较小等的案件。对于一般的案件类型，复议机关还是应当适用普通程序，全面深入了解案情，准确作出判断。

二是行政复议机关适用简易程序审查复议案件，仍应当确保复议申请人和被申请人对案件的知情权。复议机关应当在收到双方当事人提交的复议材料时，及时向对方当事人转交，确保案件当事人了解复议案件的审查进程。复议程序上的公开公正，能够加深双方当事人对复议机关和彼此的了解，有助于案件的妥善解决。

三是行政复议机关即使适用了简易程序审查案件，仍不能排除当事人有权提出听取双方意见，或者要求召开听证会审查案件的请求。如果因听取意见或者召开听证会导致无法在简易程序要求的时限内结案，可以经批准将简易程序转换为普通程序继续审查。

171 哪些情形下行政复议机构会采取听证的方式审查案件?

《行政复议法》第五十条第一款、第二款规定:“审理重大、疑难、复杂的行政复议案件,行政复议机构应当组织听证。行政复议机构认为有必要听证,或者申请人请求听证的,行政复议机构可以组织听证。”依据上述规定,行政复议机关必须采取听证的方式审查复议案件,主要包含以下几种情形:

一是审理重大、疑难、复杂的案件。重大疑难复杂的案件,案件社会影响大、案件事实复杂,采取听证的方式审查有助于复议机关充分听取申请人和被申请人的意见,深入了解案情,作出更为准确客观的判断。

二是行政复议机关认为有必要听证的案件。行政复议机关对于复议案件的程序适用,有行政自由裁量权。复议机关可以根据个案的具体情形,确定是否有需要举行听证审查案件。一般情况下,如果案件存在关键证据各方质证意见不一,案件关键事实需要进一步澄清,或者复议案件有协调和解的可能,行政复议机关都可以采取主动组织听证的方式审查案件。

三是申请人请求召开听证会的案件。《行政复议法》关于复议机关是否需要召开听证会审查案件,将程序启动的部分主动权交给了申请人,可以说充分体现了便民、为民的复议原则。申请人请求举行听证,希望有机会当面向复议机关、原行为机关陈述案件的事实及复议的理由,对于案件的妥善解决,具有重要的作用。

三、行政复议的法律适用

172 行政复议机关可以在行政复议审查中适用民事法律规范吗？

行政复议的审查对象是行政行为，行政行为是行政机关依法作出的单方行政管理行为。复议申请人和被申请人在行政法律关系中处于不平等的地位，和民事法律关系中强调当事人地位平等的原则完全不相同，似乎行政复议行为和民事法律规范毫不相干，行政复议机关可以在处理行政复议案件时适用民事法律规范吗？根据2023年《行政复议法》修改的部分亮点，行政复议机关在部分特定的案件类型中，完全可以援引和适用民事法律规范。

一是2023年《行政复议法》将行政协议纳入行政复议的受案范围。行政协议虽然本质上仍属于行政行为的类型之一，但行政协议是行政机关和行政相对人作为协议双方，为了实现行政管理的目的，通过协商一致达成的协议。行政协议既有行政性也有民事性，复议机关审查行政协议类案件，完全可以适用民事法律规范中的法律条款及解决纠纷的指引。

二是复议机关在审查部分行政裁决类案件时，有可能需要适用民事法律规范。行政裁决本身就是行政机关根据法律法规授权，接受当事人的申请，居中对当事人之间，与行政管理活动密切相关的民事纠纷进行裁处的行为。也就是说，行政裁决的处理对象就是民事纠纷，行政裁决机关进行裁决时，完全可能援引相关的民事法律规范，裁断处理民事纠纷。复议申请人因不服行政裁决行为向复议机关申请复议，复议机关同样可能需要在审查行政裁决类案件中，适用相关的民事法律规范。

三是行政复议制度中有关复议期限的计算，以及送达复议材料的有关事项，《行政复议法》直接规定了可以依照《民事诉讼法》的规定执行。

173 当事人申请公开行政复议案件的相关信息如何处理?

《行政复议法》第三条第二款规定："行政复议机关履行行政复议职责，应当遵循合法、公正、公开、高效、便民、为民的原则，坚持有错必纠，保障法律、法规的正确实施。"第七十九条第一款规定："行政复议机关根据被申请行政复议的行政行为的公开情况，按照国家有关规定将行政复议决定书向社会公开。"依据上述规定，行政复议制度中，本身非常重视复议过程和复议决定的公开。但在行政复议的审查实践中，会出现申请政府信息公开的申请人要求公开行政复议案件的有关材料，行政复议机关应当如何处理呢?

（1）当事人想通过政府信息公开的方式，请求了解行政复议执法卷宗相关材料的，行政复议机关应当告知其通过查阅档案的方式了解相关材料。当事人以政府信息公开为名，实际上属于请求查阅执法卷宗的情形，复议机关可以不予支持。

（2）如果当事人到行政机关处申请查阅卷宗，行政机关或者档案部门不支持申请人的请求，申请人又如何应对呢？其中被申请人已经将案卷材料移交给档案馆保存，申请人向档案馆请求查阅档案材料，档案馆予以拒绝的，申请人可以依据《档案法》中相关规定寻求救济。如果案件材料就保存在复议机关，复议机关拒绝当事人查阅的，有观点认为可以提起诉讼，由人民法院责令其公开。

（3）不少司法裁判认为，行政复议机关正在复议审查的案件，如果有当事人提出政府信息公开申请，想了解行政复议档案材料，复议机关应当予以公开。如果行政复议案件已经结案，案件档案材料已经移送档案部门，当事人向复议机关申请政府信息公开的，复议机关可以告知其依照档案管理的法律法规处理。

174 行政复议意见书有何法律效力？

《行政复议法》第七十六条规定："行政复议机关在办理行政复议案件过程中，发现被申请人或者其他下级行政机关的有关行政行为违法或者不当的，可以向其制发行政复议意见书。有关机关应当自收到行政复议意见书之日起六十日内，将纠正相关违法或者不当行政行为的情况报送行政复议机关。"从上述规定可知，行政复议意见书是行政复议机构履行监督职责的重要体现。行政复议意见书既指出了行政机关在实施法律法规、规章过程中存在的问题，又能防止行政机关在以后的执法过程中犯相同的错误，起到防患于未然的作用。

《行政复议法》第七十七条规定："被申请人应当履行行政

复议决定书、调解书、意见书。被申请人不履行或者无正当理由拖延履行行政复议决定书、调解书、意见书的，行政复议机关或者有关上级行政机关应当责令其限期履行；并可以约谈被申请人的有关负责人或者予以通报批评。”第七十九条第二款规定：“县级以上地方各级人民政府办理以本级人民政府工作部门为被申请人的行政复议案件，应当将发生法律效力的行政复议决定书、意见书同时抄告被申请人的上一级主管部门。”如果只有行政复议意见书而未配备其他相关制度，行政复议意见书不一定会起到实效。所以 2023 年《行政复议法》在增设行政复议意见书的基础上，还规定了约谈和通报批评、行政复议决定抄告等监督制度，也就意味着被申请人是否履行行政复议意见书，会受到行政复议机关和上级主管部门的双重监督。

四、行政复议审查

175 行政复议的审理方式是怎样的？

根据《行政复议法》的规定，针对不同类型的复议案件，采取不同的审查方式。

对于适用简易程序的案件，根据《行政复议法》第五十四条第二款“适用简易程序审理的行政复议案件，可以书面审理”的规定，行政复议机关针对适用简易程序的案件，可以采取书面审理的方式，因为适用简易程序的案件，属于标的较小、处罚较轻、案件事实简单的案件类型，通过书面审理的方式，即可实现解决行政争议的目的。

对于适用普通程序的案件，根据《行政复议法》第四十九条“适用普通程序审理的行政复议案件，行政复议机构应当当面或者通过互联网、电话等方式听取当事人的意见，并将听取的意见记录在案。因当事人原因不能听取意见的，可以书面审理”的规定，既可以通过网络或者电话的方式听取当事人意见，也可以采用书面的方式审理。行政复议案件的审理，应当本着高效便民的原则进行。充分运用现代科技手段，使复议程序更为简便快捷，是行政复议制度运行原则的体现。

对于重大疑难复杂的案件，根据《行政复议法》第五十条第一款、第二款“审理重大、疑难、复杂的行政复议案件，行政复议机构应当组织听证。行政复议机构认为有必要听证，或者申请人请求听证的，行政复议机构可以组织听证”的规定，应当采取听证的方式进行审查。行政复议听证是一种比较正式的审查方式，是行政复议机关组织，当面听取申请人和被申请人关于案件的陈述申辩意见的一种形式。因为组织听证会的复议程序可能拖延行政复议的效率，因此限定在一定的案件种类范围之内，而并未普遍推广。

176 行政复议如何附带性审查规范性文件？

（1）申请人不服行政机关制定的规范性文件，不能单独直接针对该规范性文件申请复议，而只能在针对行政行为不服申请复议的同时，一并提出申请，要求复议机关对作为行政行为依据的规范性文件进行审查。复议机关在审查行政行为的同时，附带性对作为行政行为依据的规范性文件的合法性和适当性依法进行审查。

（2）申请人申请附带性审查的规范性文件的种类，有明确的限定。《行政复议法》第十三条规定："公民、法人或者其他组织认为行政机关的行政行为所依据的下列规范性文件不合法，在对行政行为申请行政复议时，可以一并向行政复议机关提出对该规范性文件的附带审查申请：（一）国务院部门的规范性文件；（二）县级以上地方各级人民政府及其工作部门的规范性文件；（三）乡、镇人民政府的规范性文件；（四）法律、法规、规章授权的组织的规范性文件。前款所列规范性文件不含规章……"依据该规定，申请人申请复议附带性审查的规范性文件，仅限于规章以下的规范性文件，而不包括规章本身。

（3）对复议申请人提出的对规范性文件附带审查的申请，复议机关必须及时作出处理。《行政复议法》第五十六条规定："申请人依照本法第十三条的规定提出对有关规范性文件的附带审查申请，行政复议机关有权处理的，应当在三十日内依法处理；无权处理的，应当在七日内转送有权处理的行政机关依法处理。"

177 行政复议机关如何审查申请人的赔偿请求？

《行政复议法》第七十二条规定："申请人在申请行政复议时一并提出行政赔偿请求，行政复议机关对依照《国家赔偿法》

的有关规定应当不予赔偿的，在作出行政复议决定时，应当同时决定驳回行政赔偿请求；对符合《国家赔偿法》的有关规定应当给予赔偿的，在决定撤销或者部分撤销、变更行政行为或者确认行政行为违法、无效时，应当同时决定被申请人依法给予赔偿；确认行政行为违法的，还可以同时责令被申请人采取补救措施。申请人在申请行政复议时没有提出行政赔偿请求的，行政复议机关在依法决定撤销或者部分撤销、变更罚款，撤销或者部分撤销违法集资、没收财物、征收征用、摊派费用以及对财产的查封、扣押、冻结等行政行为时，应当同时责令被申请人返还财产，解除对财产的查封、扣押、冻结措施，或者赔偿相应的价款。”依据上述规定，行政复议机关审查申请人提出的赔偿请求，会根据申请人提出赔偿请求的方式不同，而采取不同的审查方式。

（1）复议申请人因不服具体行政行为申请复议时一并提出赔偿请求的，复议机关应当针对申请人提出的赔偿请求进行审查。如果赔偿请求不能成立，可以在复议决定中驳回其赔偿请求。如果赔偿请求成立，应当在撤销、变更原行政行为或者确认原行政行为违法或者无效的同时，依法决定由被申请人赔偿申请人的损失。

（2）针对复议申请人在申请复议时未提出赔偿请求，而行政复议机关在审查主要涉及申请人财产权益的行政行为的合法性时，如果发现原行政行为违法，因此产生赔偿责任的，复议机关可以要求原行为机关依法返还申请人的财产后者赔偿其损失。

（3）根据2023年《行政复议法》设计的赔偿申请人财产损

失的机制，申请人单独提出赔偿财产请求的可能性不大。因为即便申请人在申请复议时未提出赔偿请求，复议机关也会主动审查是否应当予以赔偿。但其实在行政复议中，仍存在申请人单独提出赔偿请求的情形，一是除了《行政复议法》第七十二条列举的复议审查的原行政行为类型之外的场合，复议申请人仍可能单独提出行政赔偿的请求；二是复议申请人未申请而复议机关主动责令赔偿损失，看上去似乎主动化解了行政争议，但实际上并不符合“不告不理”的救济原则。复议申请人可能对复议机关主动要求原行为机关赔偿其损失并不认同，仍可能产生单独提出赔偿请求的可能性。

五、行政复议决定的执行

178 被申请人不履行复议决定如何救济？

《行政复议法》第七十七条规定：“被申请人应当履行行政复议决定书、调解书、意见书。被申请人不履行或者无正当理由拖延履行行政复议决定书、调解书、意见书的，行政复议机关或者有关上级行政机关应当责令其限期履行，并可以约谈被申请人的有关负责人或者予以通报批评。”第八十三条规定：“被申请人不履行或者无正当理由拖延履行行政复议决定书、调解书、意见书的，对负有责任的领导人员和直接责任人员依法给予警告、记过、记大过的处分；经责令履行仍拒不履行的，依法给予降级、撤职、开除的处分。”由此可见，对被申请人不履行或者无正当理由拖延履行行政复议决定的救济，法律只规定了行政系统内部的监督渠道。

从理论上而言，应当不存在被申请人不履行行政复议决定的问题。因为行政复议制度运行的基础在于利用了行政机关上下级之间的行政隶属关系而设置的。行政复议机关和被申请人之间或者属于上级行政机关和下级行政机关的关系，或者属于人民政府及其职能部门之间的关系，都属于领导和被领导的关系，上级的决定、命令和文件，下级机关必须服从，如果不服从则需要承担相应的行政责任。而行政责任的规范，已有《地方各级人民代表大会和地方各级人民政府组织法》《公务员法》等相关法律法规作出规定，若在《行政复议法》中再次作出规定实际上属于重复立法。

如果行政复议的确存在被申请人不履行复议决定的情形，那么仅限于行政系统内部的处分机制，仍不可能确保行政复议决定得到履行。但目前针对被申请人不履行行政复议决定的情形，的确只有行政系统内部的监督，而未设置其他的监督机制，可能导致行政复议机制程序空转的结果。

179 行政复议决定如何申请执行？

行政复议决定主要包括以下四种：（1）维持决定。对被申请的行政行为，行政复议机关认为事实清楚、证据确凿，适用依据正确，程序合法，内容适当的，应当依法作出维持该行政行为的决定。（2）履行决定。复议机关经过审查，认定被申请人没有履行法定职责的，作出责令其在一定期限内履行法定职责的决定。（3）撤销、变更或者确认决定。行政复议机关经过对被诉行政行为的审查，认为行政行为存在主要证据不足、法律适用错误、违反法定程序等情形之一的，可以决定撤销、变更，或者确认行政行为违法，并可以责令被申请人在一定期限内重新作出行政行为。（4）责令被申请人赔偿的决定。公民、法人或其他组织在申请行政复议时可以一并提出行政赔偿请求，行政复议机关对符合《国家赔偿法》的有关规定应当给予赔偿的，在决定撤销、变更行政行为或者确认行政行为违法时，应当同时决定被申请人依法给予赔偿。针对上述四种复议决定的履行，一般情况下，需要申请人或者第三人作为执行义务人履行行政复议决定的是第一种情形，需要被申请人作为执行义务人履行行政复议决定的是后三种。

如果执行义务人是申请人或者第三人，适用《行政复议法》第七十八条的规定："申请人、第三人逾期不起诉又不履行行政复议决定书、调解书的，或者不履行最终裁决的行政复议决定的，按照下列规定分别处理：（一）维持行政行为的行政复议决定书，由作出行政行为的行政机关依法强制执行，或者申请人民法院强制执行；（二）变更行政行为的行政复议决定书，由行政复议机关依法强制执行，或者申请人民法院强制执行；（三）行政复议调解书，由行政复议机关依法强制执行，或者申请人民法院强制执行。"

如果执行义务人是被申请人，会有以下 3 种执行方式：（一）对于能够责令履行的复议决定。《行政复议法》第七十七条第二款规定："被申请人不履行或者无正当理由拖延履行行政复议决定书、调解书、意见书的，行政复议机关或者有关上级行政机关应当责令其限期履行……"行政复议机关或者上一级主管部门应当责令被申请人限期履行。（二）对于责令被申请人重新作出行政行为的复议决定。根据《行政复议法》第六十四条"……行政复议机关决定撤销或者部分撤销该行政行为，并可以责令被申请人在一定期限内重新作出行政行为……"的规定，被申请人应当按照复议决定的要求重新作出行政行为。（三）对于由于被申请人未及时履行行政复议决定而产生损失的，根据《国家赔偿法》第四条和第七条，申请人作为受害人，有权以作出行政行为的被申请人为赔偿义务机关申请国家赔偿。